**MARVEL STUDIOS**

**AVENGERS** ENDGAME で
英語が話せる本 上

Learning English Conversation with Avengers: Endgame

# EFEAT

圧倒的な敗北

# GLEAM OF
# HOPE

見え始める希望

TIME HEIST

MORAG /.VORMIR

POWER STONE SOUL STONE

ACTION

この映画で

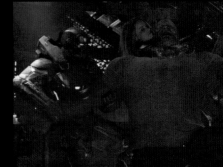

# 学びたかった！

# 『アベンジャーズ』は英語学習ツールとしても「最強」その理由とは?

　英語力の必要性が叫ばれて久しいですが、どうせ学ばないといけないものなら、できるだけ楽しく学びたいもの。洋画や海外ドラマというエンターテインメント作品を教材にして英語を学ぶことは「英語を楽しく学ぶ方法」としてしばしば挙げられるものですが、その中でも特に『アベンジャーズ』がまさに「最強」だと言える理由として以下のものが挙げられます。

**理由 1**
目が離せないストーリーと目を見張る展開で「続けられる」

**理由 2**
登場人物の様々な立場と関係で「言葉の幅が広がる」

**理由 3**
主役を張れる強烈なキャラクターたちとそれらを繋げるMCUで「言葉の意味が深まる」

　それではその理由を順番に説明していきましょう。

## 理由 1

# 目が離せないストーリーと目を見張る展開で「続けられる」

　英語学習における最大の壁。それは「続けられずにやめてしまう」こと。「継続は力なり」とわかってはいても、興味がないもの、楽しいと思えないものは続かなくて当然です。よって英語学習ツールを選ぶ際に「好きな作品、楽しい作品」を選ぶことがとても重要になってきます。

　その点、今作『アベンジャーズ／エンドゲーム』が世界興行収入歴代第1位を獲得したことからもわかるように、『アベンジャーズ』の作品としての面

白さはお墨つき！興味深いストーリーに、圧倒的なビジュアル、次から次へと押し寄せる怒涛の展開に引き込まれ、どんどん続きが見たくなります。次はどうなるのか、あのキャラはどんなことを言うのかという興味が、彼らの話す英語を理解したいという気持ちに繋がっていくのです。

　また、世界中で人気ということは、世界中にファンがいるということでもあります。世界中のファンと英語でコメントし合えるようになれば、さらに英語力もアップします。

理由 **2**

# 登場人物の様々な立場と関係で「言葉の幅が広がる」

　一口に「英語」と言っても、いろいろな人が話す、様々な英語があります。一人の人から英語を学ぶよりも、たくさんの人から英語を学んだほうが、当然、多くの英語表現が学べます。

　英会話を上達させるには、複数の人が交わしている自然な会話を観察し、「ああ言えばこう言う」という「言葉と言葉のキャッチボール」の感覚を身につけることが大切です。

　『アベンジャーズ』は登場人物が多く、しかもそのキャラクターたちは人間関係も立場も様々なバリエーションがあります。家族、恋人、友人、敵、上司と部下など、各自がそれぞれの立場で、どのような言葉を選び使っているのかを読み取ることで、状況に応じた的確な表現を学ぶことができます。

トニーが車のトランクからキャプテン・アメリカの盾を取り出し、スティーブに差し出すと、スティーブはそれを受け取るのをためらいます。

**スティーブ**：Tony, I don't know.（トニー、それはどうかな［僕が受け取っていいものかどうかわからないよ］。）
**トニー**：Why? He made it for you. Plus, honestly, I have to get it out of the garage before Morgan takes it sledding.（どうして？　彼（僕の父）は君のためにその盾を作ったんだ。プラス、正直に言うと、その盾をガレージから出さないといけないんだよ、モーガンがそれをそり滑りに持っていく前にね。）

　まずは「父（ハワード・スターク）が君のために作った盾だから」と言うことで、父ハワードに関する件でのスティーブに対する確執が消えたことを伝え、その後、「ガレージに置いておいたら娘のおもちゃにされちゃうから」と冗談めかして付け加えることで会話が深刻になり過ぎないようにもしています。トニーの心情を考慮して躊躇するスティーブと、冗談を交えながら盾を受け取ることを促すトニーの「人間同士の関係性」を感じながらセリフを学べることで、実生活で使える英語の幅も広がっていくのです。

## 理由 3

# 主役を張れる強烈なキャラクターたちとそれらを繋げるMCUで「言葉の意味が深まる」

　『アベンジャーズ』は、他の作品で主人公として活躍しているキャラクターが集結した映画です。この映画のヒットにより、オールスターが勢ぞろいした状態を「まるでアベンジャーズみたい」と形容するほどになりましたが、それぞれの主役級のキャラクターは、その人物個人の作品が存在するほどキャラクターに「厚み」があり、それぞれの作品で歩んできた歴史や背景のおかげで、いわゆる「キャラ立ち」した状態になっています。そのキャラの性格がわかっていると、「いかにもあのキャラが言いそうなセリフ」と納得できたり、逆に「あのキャラがこんなことを言った」という驚きを感じたり、まるで

そのキャラが本当に自分のすぐそばで生きているかのような身近さとリアリティを感じることができます。

　アベンジャーズ本部の門のところに立っているスコットが、中にいる人に呼び掛けているセリフ。

**スコット**：Oh, hi, hi! Uh, is anyone home? This is, uh, Scott Lang. We met a few years ago at the airport in Germany? I was the guy that got really big. I had a mask on. You wouldn't recognize me.（あぁ、おい、おーい！ 誰か中にいる？ こちらは、その、スコット・ラングだ。数年前にドイツの空港で俺たち会ったよね？ 超巨大化してた男だよ。俺はマスクをかぶってた。君らは俺のことをわからないだろうけど。）

　自分が何者であるかを説明するために、過去に会った場所とその時の様子を語っています。現実の英会話でも、前に会ったことのある人に自分のことを説明する際、このような流れで説明すればよいということがわかります。
　また、ここで語られていることは『シビル・ウォー／キャプテン・アメリカ』で描かれた内容でもあります。『アベンジャーズ』も『シビル・ウォー』もMCUと呼ばれる作品群の一つです（次ページ参照）。
　今作『エンドゲーム』のセリフは、過去の作品に出てきた話や設定が伏線となっているものが非常にたくさんあります。他の作品とのセリフの繋がりなどを知ることで「そういうことだったのか」という気づきが生まれ、言葉を深く理解する力が磨かれます。

　このような3つの理由から、『アベンジャーズ』で英語を学べば、英語のセリフそのものを楽しみながら、生きた英語表現をたくさん、そして深く、学ぶことができるのです。もっともっとヒーローたちの英語のセリフを理解したい！と思う気持ちが、皆さんの英語学習継続の大きな原動力となってくれるでしょう。
　この本が、皆さんが英語を楽しく学ぶための一助になれば、とても嬉しく思います。

2021年　南谷三世

## MCU「マーベル・シネマティック・ユニバース」とは

　MCUとは「マーベル・シネマティック・ユニバース（Marvel Cinematic Universe）」の略で、マーベル・コミックスを原作とするキャラクターたちを実写映画化した作品群を指します。

　2008年の『アイアンマン』に始まり、2012年の『アベンジャーズ』は6作目、この『アベンジャーズ／エンドゲーム』は22作目、2021年公開予定の『ブラック・ウィドウ』が24作目に当たります。

　MCU内では、様々なキャラクターがクロスオーバーすることで、それぞれの作品が深く結びついています。つまり、一つの映画は巨大なMCUという世界（ユニバース）の一部であり、それぞれの作品が互いに絡み合っているという設定が、個々の作品にさらなる深みを加えています。

　一つの作品で完結してしまう映画だと、それを見終わった達成感から、そこで英語学習をやめてしまう可能性があります。そういう意味で、第2シーズン、第3シーズンと続いていく海外ドラマのほうが英語学習継続に向いている、次を見たいと思う気持ちが英語学習意欲を引っ張ってくれる、として私はそれをお勧めしてきたのですが、『アベンジャーズ』と「MCU」の関係はいわば、「『MCU』という作品の中の『アベンジャーズ』というエピソード」という捉え方もできます。MCUはフェイズという段階に分かれており、この『エンドゲーム』はフェイズ3に当たるのですが、フェイズは連続ドラマで言うと、シーズンに当たるでしょう。

「映画」という一つの作品としての重厚さと完成度、それが「MCU」という大きな作品の中での一つの「エピソード」として歴史を紡いでいくという、まるでMCUが「時間も規模もスケールアップした壮大なドラマ作品」のような編成になっていることで、「映画とドラマのいいとこどり」のような効果をもたらしています。

　本作を観た後に「あのキャラの過去や背景を知りたい！」と思う人は多いはず。本作から過去作へ、また別の作品へと次々に映画を観たくなり、そこからさらに新しい英語表現が学べる、という相乗効果が生まれるのです。

## 特長 1

# 詳細な場面説明（ト書き）と大迫力の場面写真により、「本だけ」で映画の興奮がよみがえる

　本書では、以下のような迫力のある場面写真を豊富に掲載しています。さらに、場面の状況説明、キャラクターの動き、派手なアクションシーンなどを文字で説明した「ト書き」も記載されているので、この本1冊あれば、臨場感を持ちながらこの映画を楽しむことができます。

　また、ト書きで「動き」が詳細に表されていることで、「この動きを表現するにはこの動詞を使えばいいんだ」ということが、映像とリンクして、すっと頭に入ってきます。

The sun is getting low as it shines through the windows of the hangar. The Avengers are all wearing their team time-travel suits as they march across the floor toward the Quantum Tunnel Platform.

太陽がだんだん沈み、ハンガーの窓を通して輝く。アベンジャーズは全員、チームのタイムトラベル・スーツを着て、量子トンネル・プラットフォームに向かってフロアを歩いていく。

# 別冊のフレーズ解説＆英和辞典で、セリフの意味をさらに深く学べる

映画に登場したセリフについて深い理解を得られるよう、別冊で100個の「フレーズ解説」を掲載しています。また、本編に登場した覚えておきたい単語、注意しておきたい単語については「英和辞典」としてまとめています。

解説が別冊になっているので、「作品そのもの」である本編を集中して読み進めることもできますし、そこで気になる部分が出てきた時に別冊を参照して理解を深めることも可能です。

原語の英語だからこそわかるジョークや、過去作品とのリンク、セリフを理解するために必要なポップカルチャーの情報など、セリフをとことん楽しむためのわかりやすいガイドとなっています。

---

**本編** Phrase XX は、フレーズ解説の見出しになっているものを表します。

Natasha : I'm sorry, that must have been a very long five years.
◀ **Phrase 36** ◀

Scott : Yeah, but that's just it. It wasn't. For me, it was five hours. See, the rules of the quantum realm aren't like they are up here. Everything is <u>unpredictable</u>. Is that anybody's sandwich? I'm <u>starving</u>.

Scott points at the peanut-butter sandwich on the table and walks over the table.

下線のみで番号がないものは、別冊「英和辞典」に掲載されている単語です。

# 英文に忠実に和訳されていることで、セリフの意味や意図を完全に理解できる

英語のセリフの日本語訳として「日本語字幕」と「日本語音声（吹替）」が存在しますが、まず、字幕には字数制限というものがあり、1秒につき4文字で、一度に表示される字幕は1行13文字前後で2行分まで、という形式が一般的なものとされています。吹替の場合は英語のセリフと同じ秒数を使うことができますが、それでも英語独特の表現や文化的背景を必要とするものが存在するため、完全に同じ内容を表現できるわけではありません。日本語字幕も吹替も、映画館で作品をスムーズに楽しむために作られたものなので、日本人の知らない固有名詞や英語のジョークは、日本人にも理解できるような、なんとなくニュアンスの似ている別のものに置き換わっていることもあります。

本書では、本来の英語のセリフの意味を理解してもらえるよう、オリジナルの英語のセリフに忠実に訳しています。秒数制限、文字数制限という制約がない分、セリフの本来の意味をじっくり楽しんでいただくことを目的としています。

時には「英語の直訳［自然な日本語に変換］」という言い換え表現として意訳を記載しています。これにより英語と日本語の違いを意識することができます。

---

Ear-nose-throat meets rabbit-from-hat.

**字幕翻訳** ▶ 医者で魔術師

- - - - - - - - - - - - - - - - - - - - - - - - - - - - - - - - - - - -

**本書の翻訳** ▶ 「耳鼻咽喉科（医）」と「帽子からウサギ」が合体したようなやつだ。

# 目的別の効果的な学習法

## 1 好きなセリフ・面白い表現をとにかくたくさん覚えたい

本編では章扉の左下に各チャプターの開始時間、別冊のフレーズ解説ではセリフの出てきた時間が表示されているので、その時間表示を参考に、実際の映像のセリフのシーンを簡単に探すことができます。和訳や解説を読んでセリフの意味をしっかり理解できたら、自分の好きなキャラになりきって、発音、イントネーションなどを真似てみましょう。その後は、その完コピしたセリフをアレンジして積極的に使いましょう。SNSでの発信や、ネイティブとの英会話などでそういう「生きたフレーズ」を積極的に使っていくことを繰り返すと、借り物ではない「自分の言葉」となっていきます。

## 2 最初からじっくり学んで英語力を着実にアップさせたい

本書は場面の転換に合わせてチャプターに分かれています。この作品は長編映画ですから、「一気に学ぼう」と意気込みすぎず、一つひとつのチャプターをしっかり理解しながら進むのがよいでしょう。

その際、まずは一度、「英語音声、字幕なし」で観てみることをお勧めします。これは「英語のセリフだけでどこまで話の流れや言葉の意味が理解できるか」という「テスト」です。もう何度も鑑賞していて、セリフも内容もすっかり頭に入っているという方も多いと思うのですが、「英語の音だけ」という段階を踏むことで自分が聞き取れなかった部分や単語などの存在に気づくことができ、後で本書の和訳や解説を読む際にもそこを念入りに読み込めばいいという指標にもなります。

その後、両方日本語、つまり「日本語音声、日本語字幕」で観る段階を入れてみるのもいいでしょう。本書では英文に忠実な和訳を記載しているので、この段階は飛ばしても構わないのですが、日本語字幕や吹替でどこまで和訳されているかを事前に確認しておくと、実際に英語のセリフに向き合った時に、字幕や吹替で訳しきれていなかった部分に気づける喜びを感じることができます。

最後は「英語音声、英語字幕」にして、本書を読み進め、別冊の解説と英和辞典も参考にしながら、一つひとつのセリフの意味と内容を確認していきましょう。

そうして一つのチャプターが終われば、次のチャプターに進みましょう。ここでまた、「英語音声、字幕なし」にして観てみると、それより前のチャプターに出てきた表現や単語が聞き取れるようになっているかもしれません。作品というものは話が連続しているので、キーワードとなる言葉や頻出表現は繰り返し登場します。チャプターに区切って学んでいくことで、前のチャプターで学んだことがさっそく次のチャプターでの聞き取りや理解に生かせますし、「わかるようになった！」という進歩を感じられることは英語学習継続の大きな力となってくれます。

注: ファースト・ネームがピーターであるキャラが二人いるので、ピーター・パーカーは「パーカー」、ピーター・クイルは「クイル」と表記しています。

# CONTENTS | 目次

SCRIPT

& 別冊　フレーズ解説&英和辞典

# ER 01

プロローグ

**Clint** : Okay, hold on, don't shoot.

Clint stands next to his daughter, Lila. She grasps a bow and an arrow with her hands.

**Clint** : You see where you're going?

**Lila** : Mm-hmm.

**Clint** : Okay. Now, let's worry about how you get there. Gotta move your foot here. Point your toe this way.

He continues the lesson by using the toe of his boot to reposition Lila's left foot, so it is pointing in the precise direction. He is wearing an <u>ankle monitor</u>.

**Clint** : Your <u>hips</u> here. Okay? Can you see?

**Lila** : Yeah.

**Clint** : Are you sure?

**Lila** : Mm-hmm.

Clint takes a handful of Lila's hair, brushing it in front of her eye, teasing her.

**Clint** : How about now? Can you see now?

He continues to mess with her view, covering one of her eyes with his hand.

**Clint** : How about now?

They are both laughing.

**クリント** : よし、そのままで、撃つな。

クリントが娘ライラの隣に立っている。ライラは両手で弓と矢を握っている。

**クリント** : 狙ってる場所は見えるか？

**ライラ** : うん。

**クリント** : よし。じゃあ、どうやって的に当てるかを考えよう。足はここに
　　　　　 動かして。つま先はこっちに向けて。

クリントは自分の靴のつま先を使って、正しい位置に向くようライラの左足の位置を
変えてレッスンを続ける。クリントは足首モニターをつけている。

**クリント** : 腰はここだ。いいか？ 見えるか？

**ライラ** : うん。

**クリント** : 確かか？

**ライラ** : うん。

クリントはライラの髪をひと掴みし、彼女の目の前に髪をかすめさせて、娘をからかう。

**クリント** : 今はどうだ？ 今は見えるか？

クリントは娘の視界の邪魔を続け、自分の手で娘の片目を隠す。

**クリント** : 今はどうだ？

二人とも笑っている。

Clint       : All right. Ready? Three fingers.

> Clint's wife, Laura, watches her two sons, Cooper and Nathaniel, playing catch in a field.

Cooper      : Nice!

Laura       : Nice throw, <u>kiddo</u>.

Cooper      : Here you go.

> Preparing picnic lunch, Laura shouts to Clint and Lila.

Laura       : Hey, you guys want mayo? Or mustard? Or both?

Lila        : Who puts mayo on a hot dog?

Clint       : Probably your brothers. Uh, two mustard, please! Thanks, Mama.

Laura       : <u>Got it</u>! Nate, mayo or mustard?

Nathaniel   : How about ketchup?

Laura       : Or ketchup. I got ketchup, too.

Clint       : <u>Mind</u> your elbow.

> Lila shoots the arrow and it lands dead center in the bull's-eye. Clint smiles and high-fives Lila.

クリント　：よし。準備はいいか？　指は3本。

> クリントの妻ローラは、二人の息子クーパーとナサニエルがフィールドでキャッチボールしているのを見ている。

クーパー　：ナイス！

ローラ　：ナイスピッチングよ、坊や。

クーパー　：そーれ。

> ピクニックランチの準備をしながら、ローラはクリントとライラに向かって叫ぶ。

ローラ　：ねぇ、あなたたちマヨネーズいる？　それともマスタード？　それとも両方？

ライラ　：誰がホットドッグにマヨネーズなんかかけるの？

クリント　：多分、お前の兄弟たち［あいつら］がかけるんだろ。あぁ、マスタードを2つ頼むよ！ありがと、ママ。

ローラ　：了解！ネイト、マヨネーズそれともマスタード？

ナサニエル　：ケチャップはどう？

ローラ　：それともケチャップ、ね。ケチャップもあるわよ。

クリント　：ひじに気をつけて。

> ライラは矢を放ち、矢は標的のど真ん中に当たる。クリントは微笑み、ライラにハイファイブ［ハイタッチ］する。

**Prologue**

Clint : Good job, hawk-eye. Go get your arrow.

Lila goes to get the arrow.

Laura : Hey, <u>guys</u>! <u>Enough practice,</u> ◄ **Phrase** **1**
<u>Soup's on!</u> ◄ **Phrase** **2**

Clint : All right. We're coming. We're hungry. Lila, let's go.

Clint walks over to the target, but doesn't see Lila anywhere. Something like ash is floating in the air.

Clint : Lila?

He scans around, but finds no sign of his daughter.

Clint : Honey? Hey, babe?

He picks up Lila's arrow off the ground. He starts to run toward the field and the picnic table. But he sees no sign of Laura, nor any of Cooper and Nathaniel, either.

Clint : Babe? Babe? Boys! Boys! Laura!

He whistles loudly. But there is no one to answer him. It is just Clint Barton, standing in the field behind his family farmhouse. Alone.

Thunder rumbles.

"<u>Dear Mr. Fantasy</u>" by Traffic is playing in the opening logo sequence, which shows only the members of the Avengers who survived Thanos' snap.

**クリント** ：よくやった、ホークアイ。（的に刺さった）矢を取っておいで。

ライラは矢を取りに行く。

**ローラ** ：ねぇ、みんな！ 練習はそのくらいにして。ご飯よ！

**クリント** ：わかった。行くよ。二人とも腹ぺこだ。ライラ、行くぞ。

クリントは的のところに行くが、どこにもライラの姿は見えない。灰のようなものが空中に舞っている。

**クリント** ：ライラ？

あたりを見回すが、娘の形跡はない。

**クリント** ：ハニー？ おい、ベイビー？

クリントは地面からライラの矢を拾い上げる。彼はフィールドとピクニックテーブルに向かって駆け出す。しかし、ローラ、クーパー、ナサニエルの姿も見えない。

**クリント** ：ベイビー？ ベイビー？ お前ら！ お前ら！ ローラ！

彼は大きく口笛を吹く。しかし答える者は誰もいない。クリント・バートンだけが、自分の農場の家の後ろのフィールドに立っている。たった一人で。

雷鳴がとどろく。

オープニングロゴ・シークエンスで、トラフィックの「ディア・ミスター・ファンタジー」が流れている。そのシーンではサノスのスナップを生き延びたアベンジャーズのメンバーのみが映し出される。

# CHAPT

0:02:30

# ER 02

宇宙を漂流して

**Adrift in Space**

In some space. Tony and Nebula are sitting at a table inside the Guardians of the Galaxy's spaceship, the Benatar, playing paper football.

Tony flicks a small piece of silver paper, folded up in a triangle, across the table and in between Nebula's thumbs. Nebula grunts and tries to catch it.

Tony : **You don't need to do that. Because, uh, you're just holding the position.**

Tony puts his hands on the table, index fingers outstretched and touching, both thumbs pointed upward, forming goalposts. Nebula flicks a piece of paper toward Tony, but it misses the goal and lands on Tony's arm.

Tony : **Oh, yeah. That was close.**

She flicks the paper football once more, and it sails over the table, right between Tony's thumbs.

Tony : **That's a goal. We are now one <u>apiece</u>.**

Nebula : **I would like to try again.**

They continue to play paper football.

Tony : **We're tied up. Feel the <u>tension</u>? It's fun.**

Tony flicks the football and it misses the goal.

Tony : **That was terrible. Now you have a chance to win.**

She flicks the football, which goes right in between Tony's thumbs.

どこかの宇宙。トニーとネビュラが、ガーディアンズ・オブ・ギャラクシーの宇宙船
ベネター号のテーブルに座り、ペーパーフットボールをしている。

トニーは三角に折られた小さな銀紙を指ではじいて、テーブルの向こうのネビュラの
親指の間に入れる。ネビュラはうなり、それをキャッチしようとする。

トニー　　：そんな風に動かなくていい。ただポジションを保つだけなんだか
　　　　　　ら。

トニーは、両方の人差し指を伸ばした状態でくっつけて、両方の親指を上に向けなが
らテーブルに手を置き、ゴールポストを形作る。ネビュラはトニーに向かって紙をは
じくが、それはゴールを外れ、トニーの腕に当たる。

トニー　　：あぁ、そうだ。今のは惜しかった。

ネビュラはもう一度、紙のフットボールをはじく。それはテーブルの上を進み、ト
ニーの親指のちょうど間へと向かう。

トニー　　：それでゴール。今、僕たちは1対1だ。

ネビュラ　：もう一度やりたい。

二人はペーパーフットボールを続ける。

トニー　　：同点だ。緊迫してきた？　楽しいね。

トニーはフットボールをはじき、ゴールを外す。

トニー　　：今のは失敗。さも君が勝つチャンスだぞ。

ネビュラはフットボールをはじき、それはトニーの親指のちょうど真ん中に入る。

**Adrift in Space**

Tony : And you've won. Congratulations.

Tony extends his hand to Nebula.

Tony : Fair game. Good sport.

Nebula extends her hand slowly and shakes Tony's hand.

Tony : You have fun?

Nebula : It was fun.

トニー　　　：で君が勝った。おめでとう。

　　　　トニーはネビュラに手を差し出す。

トニー　　　：いいゲームだった。いい試合だったよ。

　　　　ネビュラはゆっくりと手を差し出し、トニーと握手する。

トニー　　　：楽しい？

ネビュラ　　：楽しかった。

The flight deck of the ship. Tony's Iron Man helmet is sitting on the floor. Tony reaches inside and presses a button. The helmet whirrs. He taps the helmet.

船のフライトデッキ。トニーのアイアンマンのヘルメットが床に置いてある。トニーは中に手を伸ばし、ボタンを押す。ヘルメットがウィーンという音を出す。トニーはヘルメットを軽く叩く。

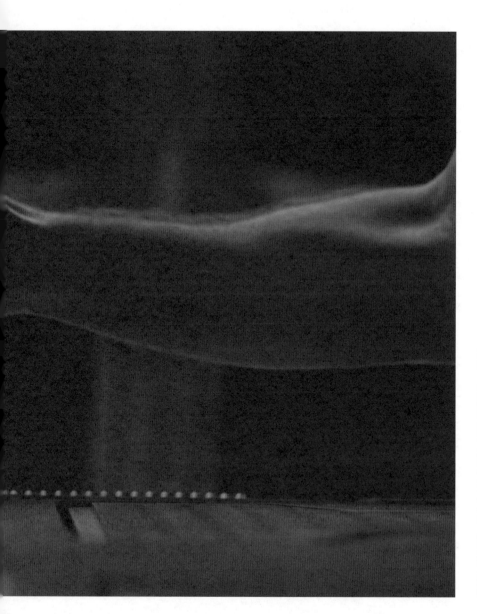

**Adrift in Space**

**Tony** : This thing on? Hey, Miss Potts. Pep.

*A beam of light shines out from the helmet's eyes, and directs at Tony. He leans back and exhales deeply.*

**Tony** : If you find this recording... don't post it on social media. ‹ **Phrase 3** It's gonna be a real tearjerker. I don't know if you're ever gonna see these. I don't even know if you're still... Oh, God, I hope so.

*The Benatar is floating in space.*

**Tony** : Today's day 21. No, uh, 22. You know, if it wasn't for the existential terror... of staring into the literal void of space, I'd say I'm feeling a little better today. Infection's run its course, ‹ **Phrase 4** thanks to the Blue Meanie back there.

*Flashback of Nebula healing Tony's wounds from his battle with Thanos.*

**Tony** : Oh, you'd love her. Very practical. Only a tiny bit sadistic. So, the fuel cells were cracked during battle, and we figured out a way to reverse the ion charge and bought ourselves about 48 hours of flight time.

トニー　：これ、入ってる？ やあ、ミス・ポッツ。ペップ（ペッパー）。

> ヘルメットの目から光のビームが輝き、トニーに向けられる。トニーは後ろにもたれて、深く息を吐く。

トニー　：もし君がこの録画を見つけても……SNSに投稿するなよ。まじでお涙頂戴ものになっちゃうから。君がこれを見ることになるのかどうかわからないし、君がまだ……（生きているか）どうかすらわからないんだ。あぁ、そう［君が生きていることを］願うよ。

> ベネター号が宇宙を漂っている。

トニー　：今日は21日目。いや、22日目だ。もし、文字通りの宇宙空間をじっと見つめているという生存の恐怖がなければ、今日は気分が少しましになっていると言っていいだろう。感染症も治った、その時そこにいてくれたブルー・ミーニーのおかげでね。

> サノスとの戦いで受けたトニーの傷をネビュラが治療する回想シーン。

トニー　：あぁ、君は彼女を気に入るだろうな。すごく役に立ってくれるんだ。ただしほんの少しサディスティックだけどね。それで、戦闘中に燃料電池が壊れたんだけど、イオンチャージを逆流させる方法を見つけて、約48時間の飛行時間を稼いだんだ。

# Adrift in Space

Flashback of Tony and Nebula working together.

トニーとネビュラが共に作業をしている回想シーン。

**Adrift in Space**

Tony : Uh, but it's now <u>dead in the water</u>. Thousand light years from the nearest 7-Eleven. <u>Oxygen will run out tomorrow morning... and that'll be it.</u> ◀ **Phrase** **5**

Flashback of Tony offering their rations to Nebula. She refuses the offer and gently pushes them back to Tony, who eats them.

Tony : Pep, <u>I know I said no more surprises, but I gotta say I was really hoping to pull off one last one.</u> ◀ **Phrase** **6** But it looks like... Well, you know what it looks like.

トニー　：あぁ、でも今は動かない。一番近いセブン-イレブンから1000光年も離れてるし。酸素は明日の朝には底をつく……そしてそれで終わりだろう。

トニーがネビュラに食糧を勧めている回想シーン。ネビュラはその申し出を辞退して、その食糧を穏やかにトニーに押し戻し、トニーがそれを食べる。

トニー　：ペップ、これ以上サプライズはなしだと僕が言ったのはわかってるけど、でもこれだけは言わせてくれ、最後にもう一回サプライズをやってのけたいと本当に思ってたのに、って。でもどうやら……まあ、君にはどんな感じかわかるだろ。

# Adrift in Space

Flashback of Tony looking out into space beyond the window.

トニーが窓の向こうの宇宙を見ている回想シーン。

**Adrift in Space**

Tony : Don't feel bad about this. I mean, actually, if you <u>grovel</u> for a couple weeks... and then move on with <u>enormous</u> <u>guilt</u>... I should probably lie down for a minute. Go rest my eyes.

Tony sighs heavily.

Tony : Please know... when I <u>drift off</u>, it'll be like every night lately. I'm fine. Totally fine. I dream about you. Because it's always you.

Tony reaches inside the helmet and deactivates the recorder. The light turns off. Then he puts on his jacket, and lies flat on the floor. Using his arm as a pillow, Tony closes his eyes.

Nebula walks onto the flight deck and sees Tony asleep on the floor. Nebula carries him to the pilot's seat of the spaceship. She walks away.

The light shines on Tony's face. The light grows brighter. Tony tries to shield his eyes from the brightness with his hand.

Now Tony is totally awake and sees the source of the brilliant light. A woman, floating in space, clad in red and blue. It's <u>Captain Marvel</u>: Carol Danvers.

トニー　　　：このことについては悔やまないでくれ。とは言っても、本当は、もし君が数週間はいつくばって……そしてその後、ものすごい自責の念と共に前に進んでくれたら……。少しの間、僕は横になったほうがいいみたいだな。目を閉じて休むよ。

トニーは深くため息をつく。

トニー　　　：どうか知っておいてくれ、僕が知らない間に眠ってしまっても、最近の毎晩と同じような感じになるよ。僕は大丈夫。ほんとに大丈夫だ。僕は君の夢を見るよ。だって（僕の見る夢は）いつもずっと君だから。

トニーはヘルメットの中に手を伸ばし、レコーダーを停止する。光が消える。それからトニーはジャケットを着て、床に横になる。腕を枕にして、トニーは目を閉じる。

ネビュラがフライトデッキにやってきて、トニーが床で眠っているのを見る。ネビュラはトニーを宇宙船の操縦席まで運ぶ。ネビュラは立ち去る。

光がトニーの顔を照らす。その光はどんどん明るくなる。トニーはその明るさを防ぐために、手で目を覆おうとする。

今トニーは完全に目覚め、まばゆい光の源を見る。宇宙に浮かんでいる、赤と青の服を着た女性。キャプテン・マーベル、キャロル・ダンヴァースだ。

# ER 03

到着

# Arrival

Steve Rogers is standing over a sink in the Avengers Headquarters, razor in hand. He runs the razor beneath the water, shakes it, and sets it down on the porcelain.

Grabbing a towel, he cleans his face, blotting it dry, and then stares at his clean-shaven face in the mirror. Suddenly, the mirror starts to shake.

Up in the night sky, an aircraft is approaching. Outside the Avengers Headquarters in upstate New York, Steve Rogers, Natasha Romanoff, Bruce Banner, James "Rhodey" Rhodes, and Pepper Potts are looking up at the unfamiliar ship.

The aircraft is not hovering, but being held aloft by Captain Marvel. She sets the ship down on the lawn outside the compound.

The hatch opens, and Nebula helps Tony walk down to the ground below. Steve bolts over to help him, taking his weight from Nebula.

**Tony** : Couldn't stop him.

**Steve** : Neither could I.

**Tony** : Hang on. I lost the kid.

**Steve** : Tony, we lost.

**Tony** : Is, uh...?

Pepper runs to Tony.

**Tony** : Oh, good.

**Pepper** : Oh, my God! Oh, my God!

スティーブ・ロジャースは、手にひげ剃りを持って、アベンジャーズ本部の洗面台に立っている。ひげ剃りを水で洗い、水を切って、陶器の台の上に置く。

タオルを手に取り、タオルで水滴をぬぐいながら顔をきれいにし、それから、鏡に映る、ひげをすっかり剃り落とした自分の顔を見つめる。突然、鏡が揺れ始める。

夜空の上空に、一隻の飛行物体が近づいてくる。ニューヨーク州北部にあるアベンジャーズ本部の外では、スティーブ・ロジャース、ナターシャ・ロマノフ、ブルース・バナー、ジェームズ・"ローディ"・ローズ、ペッパー・ポッツがその見慣れない船を見上げている。

その船は自らホバリングしているのではなく、キャプテン・マーベルによって持ち上げられている。彼女は船を本部構内の外の芝生の上に降ろす。

ハッチが開き、ネビュラはトニーが下の地面に降りるのを助ける。スティーブは彼に手を貸すために駆け寄り、ネビュラに代わってトニーの体を支える。

**トニー** ：彼（サノス）を止められなかった。

**スティーブ** ：僕も止められなかった。

**トニー** ：待ってくれ。僕はあの子を失った。

**スティーブ** ：トニー、僕たちが失ったんだ。

**トニー** ：それで……？

ペッパーがトニーに駆け寄る。

**トニー** ：あぁ、良かった。

**ペッパー** ：あぁ、良かった！ 良かった！

Arrival

Pepper embraces Tony, sobbing. Tony kisses her on the cheek.

**Tony** : **It's okay.**

むせび泣きながら、ペッパーはトニーを抱きしめる。トニーはペッパーの頬にキスする。

**トニー**　　　：大丈夫だ。

Nebula sits down on the stair coming out of the ship. Rocket approaches and sits down next to her. They clasp hands and silently grieve together.

ネビュラは船から出ている階段に座っている。ロケットが近づき、彼女の隣に座る。二人は手をしっかり握り合い、共に静かに深く悲しむ。

# CHAPT

0:09:36

# ER 04

スナップから23日後

They are inside a room at the Avengers Headquarters. Tony is hooked up to an IV drip. Holographic displays hovering above them show the faces and the names of the members lost to the Snap.

**Rhodey** : It's been 23 days since Thanos came to Earth. ◀ **Phrase** 7

**Natasha** : World governments are in <u>pieces</u>. The parts that are still <u>working</u> are trying to take a <u>census</u> and it looks like he did... He did exactly what he said he was gonna do. <u>Thanos wiped out... 50% of all living creatures.</u> ◀ **Phrase** 8

**Tony** : Where is he now? Where?

**Steve** : We don't know. He just opened a <u>portal</u> and walked through.

Tony points at Thor sitting on a bench outside the room.

**Tony** : What's wrong with him?

**Rocket** : Oh, he's pissed. He thinks he failed. Which, of course, he did, but there's a lot of that going around, ain't there?

**Tony** : Honestly, until this exact second I thought you were a <u>Build-A-Bear</u>.

**Rocket** : Maybe I am.

**Steve** : <u>We've been hunting Thanos for three weeks now.</u> ◀ **Phrase** 9 Deep space scans, and satellites, and we got nothing. Tony, you fought him.

彼らはアベンジャーズ本部の、ある部屋の中にいる。トニーは点滴に繋がれている。
彼らの上に浮かぶホログラフィック・ディスプレイには、スナップによって失われた
メンバーの顔と名前が表示されている。

**ローディ** ：サノスが地球に来てから23日が経った。

**ナターシャ** ：世界の政府はばらばらになってるわ。まだ稼働している部分が人
口調査を行おうとしていて、それでどうやらあいつは……自分が
やると言っていたことをその通り実行したようなの。サノスは生
きている生物全体の50%を消し去った。

**トニー** ：やつは今どこにいる？　どこだ？

**スティーブ** ：わからない。ポータルを開いてそれを通り抜けて去ってしまった
んだ。

トニーはその部屋の外にあるベンチに座っているソーを指さす。

**トニー** ：やつはどうしたんだ？

**ロケット** ：あぁ、あいつは怒ってるんだよ。自分が失敗したと思ってる。も
ちろん、あいつは実際、失敗したんだけどな。でもそういうのは
よくあることだろ。

**トニー** ：正直言うと、まさにこの瞬間まで、君は（ビルド・ア・ベアで
作った）ぬいぐるみだと思ってたよ。

**ロケット** ：そうかもよ。

**スティーブ** ：この3週間の間、僕たちはずっとサノスを捜している。深宇宙ス
キャンや衛星を使って。でも何も得られない。トニー、君はやつ
と戦っただろ。

Tony : Who told you that? <u>I didn't fight him.</u> No, he wiped my face with a planet while the Bleecker Street magician gave away the store. ◀ **Phrase 10** That's what happened. There was no fight, 'cause he's not <u>beatable</u>.

Steve : Did he give you any <u>clues</u>, any coordinates, anything?

Tony looks at Steve, then touches his hand to his temple as if he was thinking of something. Then he <u>blows a raspberry</u>.

Tony : <u>I saw this coming a few years back.</u> ◀ **Phrase 11** I had a vision. I didn't wanna believe it. Thought I was dreaming.

Steve : Tony, I'm gonna need you to focus.

Tony : <u>And I needed you. As in, past tense.</u> ◀ **Phrase 12** <u>That trumps what you need.</u> ◀ **Phrase 13** It's too late, buddy. Sorry. You know what I need?

Tony leans over the table, sniffing a bowl of food. He knocks the bowl with a clatter, and then he stands up from the chair.

Tony : I need a shave. And I believe I remember telling all <u>youse</u>...

Tony rips the IV right out of his arm.

Rhodey : Tony, Tony!

**トニー**　：誰が君にそんなことを言ったんだ？［誰からそんな話を聞いたんだ？］　僕はやつと戦ったりしなかった。そうさ（戦ってない）、やつは惑星で僕の顔を拭き、その一方で、ブリーカー通りの魔術師は下手な交渉をしたし。起こったのはそういうことだ。戦いなんて全くなかった、だってやつは倒せるようなものじゃないから。

**スティーブ**　：やつは君に何らかの手がかりや座標とか、何か残さなかったのか？

　　　　トニーはスティーブを見て、まるで何か考えているかのように手をこめかみに当てる。それから彼は冷笑するようにブーという音を出す。

**トニー**　：数年前に僕はこうなるってわかってた。ビジョン（幻）を見たんだ。僕は信じたくなかった。夢を見ているんだと思ってた。

**スティーブ**　：トニー、君には（話をそらさず、この件に）集中してもらう必要があるんだが。

**トニー**　：そして僕は君を必要としていたんだ。過去形にあるように必要「だった」んだよ。それは君が必要とするものに勝るんだ。遅すぎるよ。すまないな。僕が欲しいものが何かわかるか？

　　　　トニーはテーブルに身をかがめ、ボウルの食べ物の匂いを嗅ぐ。トニーはガチャンと音を立ててボウルを倒し、椅子から立ち上がる。

**トニー**　：僕にはひげを剃ることが必要だ。君ら全員にこう言ったことを確かに僕は覚えてるんだが……

　　　　トニーは点滴を腕からはぎ取る。

**ローディ**　：トニー、トニー！

Tony
: ...alive <u>and otherwise</u>, that what we needed was a <u>suit</u> of armor around the world. Remember that? Whether it impacted our precious freedoms or not. That's what we needed.

Steve
: Well, that didn't work out, did it?

Tony
: I said we'd lose. You said, "We'll do that together, too." And guess what, Cap? We lost. And you weren't there. But that's what we do, right? Our best work after the fact? We're the "Avengers." <u>We're the "Avengers," not the "Pre-vengers."</u>
◂ **Phrase 14**

Rhodey
: Okay.

Tony
: Right?

Rhodey
: You <u>made your point</u>. Just sit down, okay?

Tony
: Okay. No, no, here's my point. You know what? She's great by the way.

Tony points to Carol.

Rhodey
: Tony, you're sick. Sit down.

トニー　　　　：……生きている君らやそうじゃない［死んでしまった］彼ら全員
　　　　　　　　に（こう言ったことを確かに僕は覚えてる）、僕たちに必要なの
　　　　　　　　は世界中にアーマーをひと揃い配備することだ、って。それを覚
　　　　　　　　えてるか？　我々の貴重な自由に影響を与えようがなんだろうが。
　　　　　　　　それが僕らに必要なことだったんだ。

スティーブ　　：それはうまくいかなかっただろ？

トニー　　　　：僕たちは負けるだろうと僕は言った。君は言った、「僕たちも共
　　　　　　　　にそうする［負ける時は一緒だ］」と。で、どうなったと思う、
　　　　　　　　キャップ（キャプテン）？　僕たちは負けたんだ。そして（負ける
　　　　　　　　時は一緒と言ったはずの）君はその場にはいなかった。でもそれ
　　　　　　　　が僕たちのやり方なんだよな？　事後に僕たちはベストな仕事を
　　　　　　　　するんだろ？　僕たちは「アベンジャーズ」だ。僕たちは「アベン
　　　　　　　　ジャーズ（報復する者たち）」なんだ、「プリベンジャーズ（先
　　　　　　　　に報復する者たち）」じゃなくて。

ローディ　　　：わかった。

トニー　　　　：いいか？

ローディ　　　：お前の言いたいことはよくわかったよ。ちょっと座れよ、な？

トニー　　　　：よし。違うんだ、これが僕の言いたいことだ。わかるか？　彼女
　　　　　　　　（キャプテン・マーベル）はすごいよな、話は変わるけど。

　　　　　　　　トニーはキャロルを指さす。

ロ　ディ　　　：トニー、お前は具合が悪いんだ。座れよ。

Tony : We need you. You're new blood. Bunch of tired old <u>mules</u>. <u>I got nothing for you, Cap. I got no coordinates… no clues, no strategies, no options. Zero. Zip. Nada. No trust, liar.</u>
◀ **Phrase 15**

Tony <u>rips his Arc Reactor from his chest</u> and puts it on Steve's hand.

Tony : Here, take this. You find him, you put that on… you hide.

Tony loses his balance.

Steve : Tony!

Tony : I'm fine. Let me…

Tony collapses to the floor, unconscious.

Pepper sits beside the unconscious form of Tony in the infirmary. Rhodey takes off Tony's eyeglasses and sets them on the small table. Rhodey leaves the room. Standing outside are Steve, Carol, and Natasha.

Rhodey : Bruce gave him a <u>sedative</u>. He's gonna probably be out for the rest of the day.

Carol : You guys take care of him, and I'll bring him a Xorrian <u>elixir</u> when I come back.

Carol walks away.

Steve : Where are you going?

トニー　　　：僕たちには君（キャプテン・マーベル）が必要だ。君は新しい血だ。（今の我々は）疲れ切った年寄りの頑固者の集まりだ。君に提供できるものは何もないよ、キャップ。座標もない……手がかりもない、戦略もない、オプションもない。ゼロ。ジップ。ナーダ。信頼もない、嘘つきめ。

*トニーは胸からアーク・リアクターを引きちぎり、それをスティーブの手の上に置く。*

トニー　　　：ほら、これを受け取れ。やつ（サノス）を見つけたら、それをつけて……隠れてろ。

*トニーはバランスを崩す。*

スティーブ　：トニー！

トニー　　　：大丈夫だ。ただ……

*トニーは意識を失って、床に倒れる。*

*診察室で、意識を失った状態のトニーの隣にペッパーが座っている。ローディはトニーのメガネを取り、小さなテーブルに置く。ローディは部屋を出る。部屋の外にはスティーブ、キャロル、ナターシャが立っている。*

ローディ　　：ブルースがトニーに鎮静剤を打った。多分、今日が終わるまでは意識もなく眠っているだろう。

キャロル　　：あなたたちは彼の面倒を見てて、そしたら、私がここに戻ってくる時に、彼にゾリアンの万能薬を持ってくるから。

*キャロルは歩いてその場を離れる。*

スティーブ　：どこに行くんだ？

Carol : To kill Thanos.

Carol starts to leave, when Natasha holds her up.

Natasha : Hey. <u>You know, we usually work as a team here, and, uh, between you and I, morale's a little fragile.</u> ◀ Phrase **16**

Steve : We realize up there is more your territory, but this is our fight, too.

Rhodey : You even know where he is?

Carol : I know people who might.

Nebula : <u>Don't bother.</u> ◀ Phrase **17** I can tell you where Thanos is. Thanos spent a long time trying to <u>perfect</u> me. And when he worked, he talked about his Great Plan. <u>Even disassembled, I wanted to please him.</u> ◀ Phrase **18** I'd ask... where would we go once his plan was complete? And his answer was always the same. "To the Garden."

Rhodey : <u>That's cute. Thanos has a retirement plan.</u> ◀ Phrase **19**

Steve : So, where is he?

**キャロル** ：サノスを殺しに。

キャロルは出て行こうとするが、その時、ナターシャが彼女を引き留める。

**ナターシャ** ：ちょっと。ねえ、私たちはたいてい、チームとして動いてるの、そして、ここだけの話だけど、士気ってちょっともろくて崩れやすいのよね。

**スティーブ** ：上にある宇宙のほうが、より君のテリトリーだということはわかっているが、これは僕たちの戦いでもあるんだ。

**ローディ** ：サノスがどこにいるかなんて知ってるのか？

**キャロル** ：（サノスの居場所を）知ってるかもしれない人を私は知ってるの。

**ネビュラ** ：それには及ばない［他人に尋ねるまでもない］。私はサノスがどこにいるかをあなたたちに言える。サノスは私を完全なものに仕上げようと長い時間をかけた。サノスがその仕事をする時、やつは自分の偉大なる計画について語った。分解されていても、私は彼を喜ばせたかった。私はこう尋ねたものだった……ひとたび彼の計画が完了すれば、私たちはどこに行くのか、と。そして彼の答えはいつも同じだった。「農園に（行く）」と。

**ローディ** ：そりゃ抜け目ないね。サノスには（引退後の）隠居プランがあるんだな。

**スティーブ** ：それで、彼はどこにいる？

Standing on the table, Rocket turns on a hologram projector, which shows an image of the Earth.

テーブルの上に立ち、ロケットはホログラム・プロジェクターを起動する。そこには地球のイメージが示されている。

Rocket : When Thanos snapped his fingers, Earth became <u>ground zero</u> for a power <u>surge</u> of <u>ridiculously</u> cosmic <u>proportions</u>. <u>No one's ever seen anything like it. Until two days ago... on this planet.</u> ◀ **Phrase 20**

A blast of energy emanates from the holographic Earth. Soon, Earth is replaced by an image of space, and the hologram bounces from planet to planet before coming to rest on another world with a similar burst of energy.

Nebula : Thanos is there.

Natasha : He used the stones again.

Bruce : Hey, hey, hey. We'd be going in <u>shorthanded</u>, you know?

Rhodey : Look, he's still got the stones, so...

Carol : So, let's get 'em. Use them to bring everyone back.

Bruce : Just like that?

Steve : Yeah. Just like that.

Natasha : Even if there's a small chance that we can undo this... I mean, we owe it to everyone who's not in this room to try.

Bruce : If we do this, how do we know it's gonna end any differently than it did before?

**ロケット** ：サノスが指をパチンと鳴らした時、地球は、ばかばかしいほどものすごい宇宙規模のパワーサージ（急上昇）のグラウンド・ゼロ（震源地）になったんだ。そんなのは誰も見たことがなかった。2日前の……この惑星（で見る）まではな。

エネルギーの爆発がホログラムの地球から放出する。すぐに、地球は宇宙のイメージに切り替わり、ホログラムは惑星から惑星へと移動して、同じようなエネルギーの爆発のある別の世界に行きつく。

**ネビュラ** ：サノスはそこにいる。

**ナターシャ** ：彼はまたストーンを使ったのね。

**ブルース** ：おいおいおい。（今行くとしたら）人手が足りない状態で行くことになるんだぞ。

**ローディ** ：なあ、サノスはまだストーンを持っているんだ、だから……

**キャロル** ：だから、ストーンを奪いましょう。みんなを取り戻すためにストーンを使うの。

**ブルース** ：ただそんな風に（簡単に）？

**スティーブ** ：あぁ。ただそんな風に（簡単に）だ。

**ナターシャ** ：このこと（サノスのスナップで半数が消えたこと）を取り消すチャンスがたとえ小さなものであったとしても……この部屋にいないみんなに対して、私たちには挑戦する義務があるわ。

**ブルース** ：そうするとして、それが前に行われたのよりも少しでも違った結末になると、どうやってわかるんだ？［もう一度やっても、結局、前と同じ結果になるんじゃないか？］

Carol ： Because before you didn't have me.

Rhodey ： Hey, new girl? Everybody in this room is about that super-hero life. And <u>if you don't mind my asking</u>, where the hell have you been all this time?

Carol ： There are a lot of other planets in the universe. And unfortunately, they didn't have you guys.

Thor rises from his seat. He walks around the table and stands directly in front of Carol. As Thor holds out his hand next to her, she looks him right in the eye.

**キャロル** ：それは、以前はあなたたち（の中）に私がいなかったからよ。

**ローディ** ：なぁ、新入り女子さん？　この部屋にいるみんなは、そのスーパーヒーローの人生ってのをやってるんだ。君へ質問しても問題ないのなら尋ねるが、ずっとこの期間、君は一体どこにいたんだ？

**キャロル** ：宇宙には他にたくさんの惑星があるわ。そして、残念なことに、そこの人たちにはあなたたち（のようなヒーロー）がいなかったの。

ソーが椅子から立ち上がる。彼はテーブルを回り、キャロルの真ん前に立つ。ソーはキャロルの隣で手を伸ばし、彼女はソーの目をまっすぐに見る。

There is the sound of rushing wind, and then suddenly Thor's weapon, Storm-breaker, flies into the lounge, seeking Thor's hand. Stormbreaker soars so close to Carol's head that it blows her hair back and forth. Thor catches Stormbreaker.

風を切る音がして、突然、ソーの武器ストームブレイカーが、ソーの手をめがけてラウンジに飛んでくる。ストームブレイカーはキャロルの髪を前後になびかせるほどキャロルの頭のすぐ近くを飛ぶ。ソーはストームブレイカーをキャッチする。

Carol doesn't flinch. She only smiles.

**Thor** : I like this one.

**Steve** : Let's go get this <u>son of a bitch</u>.

Main Title : Avengers: Endgame

キャロルはひるまず、ただ微笑む。

**ソー**　　　：こいつを気に入った。

**スティーブ**　：このクソ野郎を倒しに行こう。

メインタイトル『アベンジャーズ／エンドゲーム』

0:14:58

# ER 05

農 園

**The Garden**

On the flight deck of the Benatar, everyone except Tony sits buckled into their seats.

ベネター号のフライトデッキでは、トニー以外の全員がベルトを装着して席について
いる。

**The Garden**

| | |
|---|---|
| **Rocket** | : Okay. Who here hasn't been to space? |

Natasha, Steve, and Rhodey raise their hands.

| | |
|---|---|
| **Rhodey** | : Why? |
| **Rocket** | : You better not <u>throw up</u> on my ship. |
| **Nebula** | : Approaching jump in three, two, one. |

The Benatar is hurtling toward the jump point, a gateway in space that allowed for faster travel across the galaxy. Through the cockpit, Steve sees a hexagonal shape appear in the distance, with his eyes wide open. The ship flies right on through.

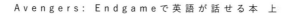
**ロケット** ：よし。ここにいるやつで宇宙に行ったことがないのはどいつだ？

ナターシャ、スティーブ、ローディが手を挙げる。

**ローディ** ：何で（そんなことを聞くんだ）？

**ロケット** ：俺の船で吐いたら承知しないぞ。

**ネビュラ** ：ジャンプまで、3、2、1。

ベネター号は、銀河をより速く航行するための宇宙のゲートウェイであるジャンプポイントまで高速で進んでいる。スティーブはコックピット越しに、目を大きく見開きながら、遠くに六角形が現れるのを見る。船はその真ん中を通過して飛ぶ。

**The Garden**

The ship exits another hexagonal jump point and hovers in orbit of the planet.
Captain Marvel flies out of the ship and hovers in space.

**Carol** : I'll head down for <u>recon</u>.

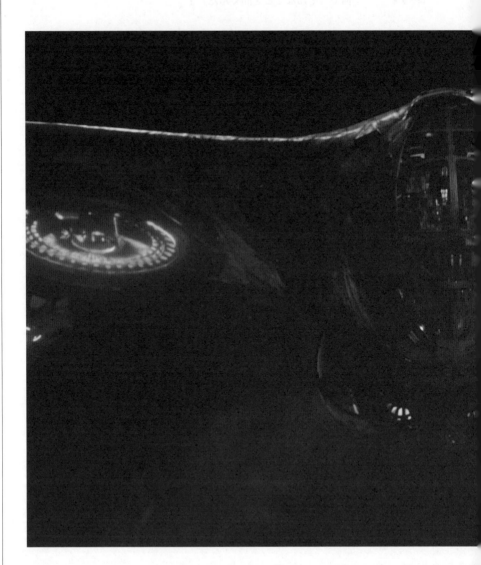

船は別の六角形のジャンプポイントから出て、惑星の軌道上に浮かんでいる。キャプテン・マーベルは船から飛び出て、宇宙に浮かんでいる。

**キャロル**　　：偵察のために地表に向かう。

The Garden

She heads toward the planet. On the flight deck, Natasha sees Steve looking at a compass. Inside, there is a picture of Peggy Carter.

キャプテン・マーベルは惑星に向かう。フライトデッキでは、スティーブがコンパス
（方位磁針）を見ていることにナターシャが気づく。コンパスの中には、ペギー・
カーターの写真がある。

**The Garden**

He quickly closes the compass.

Natasha : **This is gonna work, Steve.**

Steve : **I know it will. 'Cause I don't know what I'm gonna do if it doesn't.**

Captain Marvel returns from the planet.

Carol : **No satellites. No ships. No armies. No ground defenses of any kind. It's just him.**

Nebula : **And that's enough.**

Tranquil landscape spreads out on the planet. Thanos' armor is hung on a post, as a scarecrow. Thanos plods through the garden. On his left hand, he wears the Infinity Gauntlet.

Stopping by a bush, he reaches over to pick a fruit from its branches. Dropping the fruit into the bag, Thanos then picks it up in his right hand and goes up stairs to a small dwelling.

In the modest hut, the fire is burning in the pit in the middle of the room. He is cooking at the counter. He adds some seasoning to the water in the pot. Hefting the pot from the counter, Thanos carries it over to the fire pit.

His face, neck, and his whole left side have been burned terribly. He notices something and looks up.

Thanos is caught by a blast of energy. He lifts his arm in an effort to shield himself with the Infinity Gauntlet.

スティーブはすぐにコンパスを閉じる。

**ナターシャ** ：これはうまくいくわ、スティーブ。

**スティーブ** ：うまくいくってわかってるさ。もしこれがうまくいかないのなら、これから自分が何をすればいいのかわからないから。

キャプテン・マーベルが惑星から戻る。

**キャロル** ：衛星はなし。船もなし。軍隊もなし。どんな種類の地上防衛もなし。ただあいつだけよ。

**ネビュラ** ：そして、それ（やつ一人）だけで十分。

その惑星にはのどかな風景が広がっている。サノスのアーマーが、かかしとして杭にかけられている。サノスは農園をゆっくりした足取りで歩く。左手にはインフィニティ・ガントレットをつけている。

ある茂みで立ち止まり、手を伸ばして枝から果物を一つ取る。その果物を袋に入れて、サノスは右手で袋を持ち上げ、小さな住居への階段を上る。

質素な小屋の中では、部屋の真ん中の炉で火が燃えている。彼はカウンターで料理をしている。鍋に入れた水に調味料を加える。カウンターから鍋を持ち上げ、サノスはそれを炉に運ぶ。

彼の顔、首、体の左側全体が、ひどいやけどを負っている。彼は何かに気づき、顔を上げる。

サノスはエネルギーの攻撃を受ける。彼はインフィニティ・ガントレットで自分の身を守ろうとして腕を上げる。

**The Garden**

A glowing figure flies into Thanos' dwelling. Captain Marvel pushes Thanos down to the floor. She grabs his neck with her hands, yanking back on Thanos' head.

The Hulkbuster bursts from under the fire pit and grabs Thanos' Infinity Gauntlet arm. War Machine grabs Thanos' right arm.

光り輝く姿がサノスの住居の中に飛び込んでくる。キャプテン・マーベルはサノス
を床に押し倒す。彼女はサノスの首を両手で摑み、サノスの頭を後ろに強く引っ張
る。

ハルクバスターが炉の下から勢いよく飛び出してきて、サノスのインフィニティ・
ガントレットの腕を摑む。ウォーマシンはサノスの右腕を摑む。

# The Garden

Thor flies in and cuts his Infinity Gauntlet arm off with Stormbreaker. Thanos groans.

Captain America and Black Widow walk inside the dwelling. Rocket rolls over the Infinity Gauntlet. All six Infinity Stones are gone.

**Rocket** : Oh, no.

ソーが飛び込んできて、ストームブレイカーで、サノスのインフィニティ・ガントレットの腕を切り落とす。サノスはうなり声を上げる。

キャプテン・アメリカとブラック・ウィドウが住居の中に歩いて入ってくる。ロケットはインフィニティ・ガントレットをひっくり返す。6個のすべてのストーンがなくなっている。

**ロケット** ：あぁ、だめだ。

**The Garden**

| | |
|---|---|
| **Steve** | : Where are they? |
| **Carol** | : Answer the question. |
| **Thanos** | : The universe required correction. <u>After that, the stones served no purpose... beyond temptation.</u> ◂ Phrase **21** |
| **Bruce** | : You murdered <u>trillions</u>! |

*In anger, Bruce wearing the Hulkbuster armor shoves Thanos down to the floor.*

| | |
|---|---|
| **Thanos** | : You should be grateful. |

*Hulkbuster punches him in the face.*

| | |
|---|---|
| **Natasha** | : Where are the stones? |
| **Thanos** | : Gone. <u>Reduced</u> to atoms. |
| **Bruce** | : You used them two days ago! |
| **Thanos** | : I used the stones to destroy the stones. <u>It nearly killed me,</u> ◂ Phrase **22** But the work is done. It always will be. I am inevitable. |
| **Rhodey** | : <u>We have to tear this place apart. He has to be lying!</u> ◂ Phrase **23** |
| **Nebula** | : <u>My father is many things. A liar is not one of them,</u> ◂ Phrase **24** |

**スティーブ** ：ストーンはどこだ？

**キャロル** ：質問に答えて。

**サノス** ：宇宙は修正を必要とした。その後は、ストーンは何の役目も果たさない……（人がそれを使いたいという）誘惑をもたらす他にはな。

**ブルース** ：お前は何兆もの生物を殺したんだ！

ハルクバスターを着たブルースは、怒りで、サノスを床に突き飛ばす。

**サノス** ：お前たちは感謝すべきだ。

ハルクバスターはサノスの顔を殴る。

**ナターシャ** ：ストーンはどこ？

**サノス** ：消えてしまったよ。原子に戻った。

**ブルース** ：お前は2日前にストーンを使っただろ！

**サノス** ：ストーンを破壊するためにストーンを使ったのだ。もう少しで私は死ぬところだった。だがその務めは果たされた。務めは常に果たされる。私は必然［絶対］なのだ。

**ローディ** ：この家を引き裂か［引き裂いてでも調べ］ないと。やつは嘘を言っているに違いない！

**ネビュラ** ：私の父にはいろいろな面がある。嘘つきはそのうちの一つではない。

**The Garden**

**Thanos** : Ah. Thank you, daughter. Perhaps I treated you too <u>harshly</u>.

Thor slices Thanos' head off with Stormbreaker. His head hits the floor of the dwelling, and rolls. Then the headless body of Thanos collapses with a thud.

**Bruce** : What?

**Rocket** : What did you do?

**Thor** : <u>I went for the head.</u>  ◂ **Phrase 25**

サノス　　　：あぁ。ありがとう、娘よ。おそらく私はお前を過酷に扱いすぎたな。

> ソーはストームブレイカーでサノスの頭を切り落とす。サノスの頭は家の床に落ちて転がる。その後、サノスの首のない体がドサッと崩れ落ちる。

ブルース　　：何？

ロケット　　：何をしたんだ？

ソー　　　　：頭を狙ったんだ。

# The Garden

Thor walks away. Nebula kneels down beside her father. She reaches out with a hand and closes his eyes. Thor slowly leaves the dwelling.

ソーはその場を離れる。ネビュラは父の隣にひざまずく。片手を伸ばし、父の目を閉じる。ソーはゆっくりとその住居を出ていく。

# CHAPT

0:20:00

# ER 06

5年後

FIVE YEARS LATER

New York City. Abandoned boats crowd the Hudson and East rivers in front of Statue of Liberty. Citi Field, once home to the New York Mets, has fallen into disrepair.

A cafe. A poster on the wall says, "WHERE DO WE GO, NOW THAT THEY'RE GONE?" A man recounts what happened amid a circle of people who listen quietly.

**Man 1** : So... I, uh, went on a date the other day. It's the first time in five years. You know? I'm sitting there at dinner. I didn't even know what to talk about.

**Steve** : What did you talk about?

**Man 1** : Eh, same old <u>crap</u>. You know, how things have changed. My job, his job. How much we miss the Mets. And then things got quiet... then he cried as they were <u>serving</u> the salads.

**Man 2** : What about you?

**Man 1** : I cried just before dessert. But I'm seeing him again tomorrow, so...

5年後

ニューヨーク市。自由の女神の前のハドソン川、イースト川を、乗り捨てられた船が
埋めつくしている。かつてニューヨーク・メッツのホーム（本拠地）だったシティ・
フィールドは荒廃してしまっている。

カフェ。壁のポスターには「我々はどこに行くのか、彼らが消えた今」と書いてある。
静かに聞いている人の輪の中で、一人の男性が起こったことを詳しく話している。

**男性1**　　：それで……この前、デートに行ったんだ。5年間で初めてのデー
　　　　　　　ト だ。わかるだろ？　僕は夕食の席に座ってて。何を話していいか
　　　　　　　さえわからなかった。

**スティーブ**　：何を話したんだ？

**男性1**　　：あぁ、よくあるくだらない話さ。ほら、物事がどんな風に変わっ
　　　　　　　たとか。自分の仕事や彼の仕事。メッツがなくてどんなに寂しい
　　　　　　　かとか。それから静かになって……それから彼は泣いたんだよ、
　　　　　　　店員がサラダを出していた時にね。

**男性2**　　：君はどうだった？

**男性1**　　：僕もデザートの直前に泣いた。でも明日もまた彼に会うんだ、だ
　　　　　　　から……

Steve : That's great. You did the hardest part. You took the jump. You didn't know where you were gonna come down. And that's it. That's those little brave baby steps we gotta take... to try and become whole again, try and find purpose. I went in the ice in '45, right after I met the love of my life. Woke up 70 years later. ◀ **Phrase 26** You gotta move on. Gotta move on. The world is in our hands. It's left to us, guys. And we gotta do something with it. Otherwise... Thanos should've killed all of us.

**スティーブ**　：それはいい。君は最も難しいところをやった。君は跳んだ。どこ
に着地することになるかもわからなかった。そしてまさにそれな
んだ。それが僕たちが歩まなければならない、小さくて勇敢な赤
ん坊の歩みなんだ、もう一度元通りになろうとするための、目的
を見つけようとするためのね。僕は1945年に氷に突っ込んだ、最
愛の人に会った直後に。70年後に目覚めた。前に進まなければ。
前に進まなければならないんだ。世界は僕らの手の中にある。世
界は僕たちに任されてるんだよ、みんな。だからこの世界で僕ら
は何かをしなければ。さもないと……サノスは僕たち全員を殺す
べきだったということになるだろう。

# CHAPT

0:22:08

量子世界からの帰還

SAN FRANCISCO. A facility with a sign saying "U-STORE-It SELF STORAGE."

The warehouse is comprised of fenced-in pens, each belonging to a different renter. The pens all look the same. But a pen with a label named "LANG" has a van.

A rat crawls across the dashboard of the van. And that rat steps on the control panel for the Quantum Tunnel resting in the back of the van.

The Quantum Tunnel comes to life, its internal mechanisms spinning. Then there is a bright flash of light, and the back doors of the van bursts open.

Scott Lang flies out of the van. He crashes into some boxes inside the storage pen, and a large football cushion falls on top of him. He pushes the football away as sparks begin to fly from the shoulder of his Ant-Man suit. He quickly pats at the flames until they are extinguished. Panting, he sits up, looking at his surroundings.

Scott : **What the hell?**

Then the wrist of his suit starts to spark, and it catches fire. He pats out those flames, too. He looks around with a worried look on his face.

Scott : **Hope?**

Security office. A security guard is reading a book and notices something on the security screen. Scott Lang is waving at the security camera, showing a HELP! sign.

The guard stands outside the warehouse, watching Scott as he wheels his possessions away.

サンフランシスコ。「ユー・ストア・イット 個人倉庫」と書いてある看板のある施設。

その倉庫はフェンスの囲いで構成されており、囲いのそれぞれが別の借り手のものとなっている。囲いはすべて同じに見えるが、「ラング」と名前の書かれたラベルのある囲いには一台のバンがある。

一匹のネズミがそのバンのダッシュボードを横切る。そしてそのネズミが、バンの後ろに設置されている量子トンネルのコントロールパネルの上を踏む。

量子トンネルが復活し、その内部メカニズムが回転する。それから明るい閃光が走り、バンの後ろのドアが勢いよく開く。

スコット・ラングがバンから飛び出す。彼は倉庫の囲いの中にある箱に衝突し、大きなフットボールのクッションが彼の上に落ちてくる。スコットはそのフットボールを押しのけるが、アントマン・スーツの肩から火花が散り始める。彼は炎を素早く叩いて消す。荒い息をしながら、彼は上半身を起こし、周囲を見回す。

**スコット** ：一体何なんだ？

それからスーツの手首が火花を出し始め、火がつく。彼はその炎も叩いて消す。顔に心配そうな表情を浮かべてスコットはあたりを見回す。

**スコット** ：ホープ？

保安室。警備員は本を読んでいて、警備用スクリーンに映る何かに気づく。スコット・ラングが「ヘルプ！」のサインを示しながら、監視カメラに手を振っている。

警備員は倉庫の外に立ち、スコットがカートで持ち物を運びながら去っていくのを見ている。

Walking down a residential street, Scott finds the MISSING posters taped to the telephone poles. Everything surrenders itself to the over growth of vegetation. Scott sees a boy riding a bicycle.

Scott : **Kid! Hey, kid!**

The boy hits the brakes, and looks over his shoulder at Scott.

Scott : **What the hell happened here?**

The boy just stares at Scott and doesn't say a word. He speeds off on his bike.

Scott has kept on walking and he catches sight of the Golden Gate Bridge. He comes upon a large park, full of tall monoliths.

He sees that there are names etched onto its surface, in alphabetical order. Atop of monolith are the words, THE <u>VANISHED</u>.

Scott : **Oh, my God! Oh, please! Please, please!**

He runs from monolith to monolith, searching the names.

Scott : **No, no, no. No. No.**

He pushes a couple out of the way to get a closer look at the names on one monolith.

Scott : **Excuse me. Sorry. Oh, Cassie, no. No, no, no. No, no. Please, please, please. No, Cassie.**

住宅街を歩きながら、スコットは電柱に貼られた「行方不明」のポスターを見つける。すべてが植物が生い茂るに任せた状態になっている。スコットは少年が自転車に乗っているのを見る。

スコット　：坊や！ ねえ、坊や！

その少年はブレーキをかけ、肩越しにスコットを見る。

スコット　：ここでは一体何が起こったんだ？

その少年はただスコットをじっと見るだけで何も言わない。彼は自転車に乗って走り去る。

スコットは歩き続け、ゴールデンゲートブリッジを見る。彼は高いモノリス（石碑）がたくさんある大きな公園に行き当たる。

スコットは石碑の表面に、アルファベット順に刻まれた名前があるのを見る。石碑の上には「消えた人々」という言葉がある。

スコット　：なんてことだ！ あぁ、お願いだ！ 頼む、頼むよ！

スコットは名前を捜して、石碑から石碑へと走る。

スコット　：だめだ、だめだ、だめだ。やめてくれ、やめてくれ。

スコットは一つの石碑の名前をより近くで見るために、カップルを押しのける。

スコット　：失礼。すみません。あぁ、キャシー、そんな。だめだ、だめだ、だめだ。やめてくれ、やめてくれ。頼む、お願いだ、お願いだ。だめだ、キャシー。

He freezes when he sees a name that he recognizes. But it isn't his daughter, Cassie. The name is his own: SCOTT LANG.

Scott : **What?**

Scott runs down the overgrown sidewalk. He runs up the steps of a house he knows well, and rings the doorbell. Impatient, he pounds his fist on the door. Then, he rings the doorbell again.

Then through the window at the entrance, he sees a woman walking toward him slowly. She stares at him with an amazed look. She opens the door and steps outside.

She moves toward Scott, touching his face as if to reassure herself that he isn't a ghost. The last time he has seen his daughter, five years ago, she was nine years old. Now she is a teenager.

Scott : **Cassie?**

Cassie : **Dad?**

They hug each other, crying. Scott stares at her face again.

Scott : **You're so big!**

They both laugh and hug tight again.

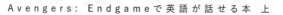
スコットは知っている名前を見て固まる。だがそれは彼の娘キャシーではない。その名前は彼自身の名前、スコット・ラングである。

スコット　　：何だって？

スコットは草の生い茂る歩道を走る。よく知っている家の階段を駆け上がり、ドアベルを鳴らす。もどかしくて、ドアを拳で叩く。それからまたドアベルを鳴らす。

それから入口の窓越しに、スコットは一人の女性が自分のほうに向かってゆっくり歩いてくるのを見る。彼女は驚きの表情でスコットを見つめる。彼女はドアを開け、外に出る。

彼女はスコットに近づき、まるで彼が幽霊でないことを確かめるかのように彼の顔に触れる。スコットが最後に娘を見た時、5年前は、彼女は9歳だった。今、彼女は10代である。

スコット　　：キャシー？

キャシー　　：パパ？

二人は泣きながら抱き合う。スコットは改めて娘の顔を見つめる。

スコット　　：すっごく大きくなったな！

二人は笑い、またしっかりと抱き合う。

0:26:13

# ER 08

近況報告

In the twilight. There is a fence with a sign saying, "RESTRICTED AREA / DO NOT ENTER / AUTHORIZED PERSONNEL ONLY BEYOND THIS POINT / SECURITY ID OR ESCORT REQUIRED." Way over the fence, we see the Avengers Headquarters building, with Avengers logo "A" on its wall.

Inside the Avengers Headquarters. There is an open jar of peanut butter next to the plate. Natasha cuts the sandwich diagonally.

**Rocket** : Yeah. We boarded that highly-suspect warship Danvers <u>pinged</u>.

Rocket is providing an update. Natasha looks at the hologram of Rocket projected above the table in front of her. Standing next to Rocket is Nebula. Separate holograms reveal Okoye, Carol, and Rhodey, all checking in from different locations.

**Nebula** : It was an <u>infectious</u> <u>garbage</u> <u>scow</u>.

**Rocket** : <u>So, thanks for the hot tip.</u>  ◀ **Phrase** **27**

**Carol** : Well, you were closer.

**Rocket** : Yeah. And now we smell like garbage.

**Natasha** : You get a reading on those <u>tremors</u>?

**Okoye** : <u>'Twas</u> a mild <u>subduction</u> under the African plate.

黄昏時。「制限エリア。立ち入り禁止。ここより先は関係者のみ。セキュリティIDも
しくは同伴者必須」と書かれている看板のついたフェンスがある。フェンスのずっと
向こうに、壁にアベンジャーズのロゴ "A" がある、アベンジャーズ本部の建物が見え
る。

アベンジャーズ本部の中。皿の横に蓋の開いたピーナツバターの瓶がある。ナター
シャがサンドイッチを対角線に切っている。

**ロケット** ：そうだ。ダンヴァースが見つけたその「非常に怪しい戦艦」に、
　　　　　　俺たちは乗り込んだんだ。

ロケットは最新情報を報告している。ナターシャは目の前のテーブルの上に投影され
たロケットのホログラムを見る。ロケットの隣に立っているのはネビュラである。別
のホログラムがオコエ、キャロル、ローディの姿を見せており、全員が違う場所から
チェックインしている。

**ネビュラ** ：感染性廃棄物の大型運搬船だった。

**ロケット** ：最新の秘密情報ありがとな。

**キャロル** ：まぁ、あなたたちのほうが（私よりその船に）近かったから。

**ロケット** ：そうだな。で、今、俺たちはゴミ臭くなってる。

**ナターシャ** ：あの小さな地震の測定は？

**オコエ** ：アフリカプレートの下への、軽度なプレートの潜り込み［沈み込
　　　　　　み］だった。

Natasha : Do we have a visual? How are we <u>handling</u> it?

**ナターシャ**　：映像はある？　それはどうやって対処するの？

Okoye
: Nat. It's an earthquake under the ocean. We handle it by not handling it.

Natasha
: Carol, are we seeing you here next month?

Carol
: Not likely.

Rocket
: What? <u>You gonna get another haircut?</u> ◂ **Phrase** **28**

Carol
: <u>Listen, fur face.</u> ◂ **Phrase** **28** I'm covering a lot of territory. The things that are happening on Earth are happening everywhere. On thousands of planets.

Rocket
: All right, all right. That's a good point. That's a good point.

Carol
: So, you might not see me for a long time.

Natasha
: All right. Uh, well... This channel's always active. So, if anything goes <u>sideways</u>... anyone's making trouble where they shouldn't... comes through me.


Okoye says in Xhosa, accepting this directive.

Okoye
: Kulungile.

Rocket
: Okay.

Natasha
: All right.

オコエ　　　：ナット（ナターシャ）。海の下の地震よ。それに対処しないことで対処するわ。

ナターシャ　：キャロル、来月またここで会えるかしら？

キャロル　　：会えそうにはないわね。

ロケット　　：何？ またヘアカットするのか？

キャロル　　：聞きなさい、毛皮顔。私はたくさんのテリトリーをカバーしてるの。地球で起こっていることはどこでも起きてるわ。何千もの星々でね。

ロケット　　：わかった、わかった。それはいいとこ突いてるな。いいとこ突いてるよ。

キャロル　　：だから、長い間、私には会えないかもしれないわ。

ナターシャ　：わかったわ。それじゃあ……このチャンネルは常に使える状態よ。だから、もし何かが違う方向に行ってしまったり……そうすべきではないところで誰かがトラブルを起こしたりしたら……私に連絡して。

　　　　　　　オコエはこの指示を了解し、コサ語で答える。

オコエ　　　：（コサ語で）了解。

ロケット　　：オッケー。

ナターシャ　：いいわ。

Rocket, Nebula, and Okoye step back, and their holograms disappear from the array.

**Carol** : Good luck.

Carol wishes Rhodey luck, as her hologram disappears as well. That leaves only Rhodey, who so far hasn't said a word.

**Natasha** : Where are you?

**Rhodey** : Mexico. The Federales found a room full of bodies. Looks like a bunch of <u>cartel</u> guys... never even had a chance to get their guns off.

**Natasha** : It's probably a rival gang.

**Rhodey** : <u>Except</u> it isn't. It's <u>definitely</u> Barton. What he's done here... what he's been doing for the last few years... I mean, the scene that he left... I gotta tell you, there's a part of me that doesn't even wanna find him.

**Natasha** : Will you find out where he's going next?

Natasha reaches out to the plate in front of her, picks up a half of peanut-butter sandwich, and takes a bite.

**Rhodey** : Nat?

ロケット、ネビュラ、オコエは後ろに下がり、彼らのホログラムが並びから消える。

キャロル : 幸運を。

キャロルはローディに幸運を祈り、彼女のホログラムも消える。それで残るはローディだけになる。彼はここまでまだ一言も発していない。

ナターシャ : あなたはどこにいるの？

ローディ : メキシコだ。政府の捜査官が部屋いっぱいの死体を見つけた。カルテル一味のやつらが……自分たちの銃を抜くチャンスすらなかったらしい。

ナターシャ : 多分、ライバルのギャングのしわざよ。

ローディ : そうじゃない、ってことを除けばね［ところが実はそうじゃないんだよ］。間違いなくバートンだ。彼がここでやったこと……この数年間、彼がずっとやり続けていること……つまり、彼が立ち去った現場……。こう言っておかないとな、俺の中には、彼を見つけたいとさえ思わない自分がいる、って。

ナターシャ : 彼が次にどこに行くか調べてくれる？

ナターシャは目の前の皿に手を伸ばし、ピーナツバター・サンドの半分を手に取り、一口食べる。

ローディ : ナット？

Status Updates

Her eyes are wet with tears.

ナターシャは目に涙を浮かべている。

Natasha : Please?

Rhodey : Okay.

As Rhodey takes a step backward and his hologram disappears, Natasha puts down the sandwich, and then closes her eyes. She puts her hands to her face, trying to hold back her tears.

Steve : You know, I'd <u>offer</u> to cook you dinner... but you seem pretty miserable already.

Natasha lowers her hands from her face, wearing a slight smile, only to see Steve Rogers standing in front of her.

Natasha : You here to <u>do your laundry</u>?

Steve : And to see a friend.

Natasha : Clearly, your friend is fine.

Steve looks down at his hands, fiddling with the keys.

Steve : You know, I saw a <u>pod</u> of whales when I was coming over the bridge.

Natasha : In the Hudson?

Steve : There's fewer ships... cleaner water.

Natasha : You know, <u>if you're about to tell me to look on the bright side...</u> ◀ **Phrase 29** Um... I'm about to hit you in the head with a peanut butter sandwich.

**ナターシャ**　：お願いよ。

**ローディ**　：わかった。

　　　　　　ローディが後ろに下がり、彼のホログラムが消えると、ナターシャはサンドイッチを
　　　　　　置いて、目を閉じる。涙をこらえようとして、手で顔を押さえる。

**スティーブ**　：ほら、君に夕食を作ろうかって言おうと思ってたけど……君はも
　　　　　　　うすでにかなり悲惨な様子だな。

　　　　　　ナターシャは顔から手を下ろし、かすかな微笑みを浮かべ、彼女の前に立っているス
　　　　　　ティーブ・ロジャースを見る。

**ナターシャ**　：ここには洗濯しに来たの？

**スティーブ**　：それと、友達に会うためにね。

**ナターシャ**　：明らかに、あなたのお友達は元気よ。

　　　　　　スティーブは自分の手に視線を落とし、キーをいじる。

**スティーブ**　：ほら、橋を越えて来る時に、クジラの群れを見たんだ。

**ナターシャ**　：ハドソン川に（クジラが）？

**スティーブ**　：船が少なくなって……水がきれいになった。

**ナターシャ**　：ねぇ、もし私に「物事の明るい面［いいほう］を見ろ」って言お
　　　　　　　うとしてるなら……私はピーナツバター・サンドであなたの頭を
　　　　　　　殴ろうとするわよ。

**Status Updates**

**Steve** : Hmm. <u>Sorry. Force of habit.</u>  ◀ Phrase **30**

Steve throws his jacket on a chair and sets his keys on the table. He sits down across from Natasha. She offers the plate with the peanut-butter sandwich to Steve. We can see a pair of <u>ballet shoes</u> on a chair.

**Steve** : You know, I keep telling everybody they should move on... and grow. Some do. But not us.

**Natasha** : If I move on, who does this?

**Steve** : Maybe it doesn't need to be done.

**Natasha** : <u>I used to have nothing. And then I got this. This job. This family.</u>  ◀ Phrase **31**    And I was better because of it. And even though they're gone... I'm still trying to be better.

Tears stream down her face.

**Steve** : <u>I think we both need to get a life.</u>  ◀ Phrase **32**

**Natasha** : <u>You first.</u>  ◀ Phrase **32**

**スティーブ**　：うーん。ごめん。いつもの癖で。

> スティーブは椅子にジャケットを投げ、テーブルにキーを置く。スティーブはナターシャの向かい側に座る。ナターシャはスティーブにピーナツバター・サンドの載った皿を差し出す。椅子の上にバレエシューズがあるのが見える。

**スティーブ**　：ほら、僕はみんなに、前に進んで……成長すべきだって言い続けてるだろ。実際にそうしている人がいる。でも僕らは違う。

**ナターシャ**　：もし私が前に進めば、この仕事は誰がするの？

**スティーブ**　：される必要のない仕事なのかも。

**ナターシャ**　：かつての私には何もなかった。それからこれを手に入れた。この仕事を。この家族を。そしてそのおかげで、私は前よりいい人間になった。たとえ彼らが消えたとしても……私はまだよりよくあろうと頑張ってるのよ。

> 涙が彼女の頬を流れる。

**スティーブ**　：僕たち二人とも、人生を手に入れるべきだと思うよ。

**ナターシャ**　：あなたからお先にどうぞ。

# ER 09

タイムマシン

**Time Machine**

A hologram appears in the air above the table. Natasha flicks at the hologram, changing the image. It is a view of the outside of the Avengers compound, at the security checkpoint. There is a van parked at the gate, and a man standing outside.

Scott    : Oh, hi, hi! Uh, is anyone home? This is, uh, Scott Lang. <u>We met a few years ago at the airport in Germany? I was the guy that got really big.</u> ◀ Phrase **33**  <u>I had a mask on. You wouldn't recognize me.</u> ◀ Phrase **34**

Steve    : Is this an old message?

Scott    : Ant-Man? I know you know that.

Natasha  : It's the front gate.

Scott    : I really need to talk to you guys.

Inside the Avengers Headquarters, Scott is pacing nervously.

Steve    : Scott. Are you okay?

Scott    : Yeah. <u>Have either of you guys ever studied quantum physics?</u> ◀ Phrase **35**

Natasha  : Only to <u>make conversation</u>.

Scott points at Natasha.

132

テーブルの上にホログラムが現れる。ナターシャはホログラムを指でさっと動かし、画像を変える。それはアベンジャーズ本部の外の、警備検問所の光景である。門のところに駐車された一台のバンと、バンの外に立っている男性が一人いる。

スコット　　　：あぁ、おい、おーい！ 誰か中にいる？ こちらは、その、スコット・ラングだ。数年前にドイツの空港で俺たち会ったよね？ 超巨大化してた男だよ。俺はマスクをかぶってた。君らは俺のことをわからないだろうけど。

スティーブ　　：これは古いメッセージか？

スコット　　　：アントマンだよ？ アントマンは知ってると思うけど。

ナターシャ　　：正面ゲートよ。

スコット　　　：君たちと話さないといけないんだ。

　　　　　　　アベンジャーズ本部の中で、スコットは不安げに歩き回っている。

スティーブ　　：スコット、大丈夫か？

スコット　　　：あぁ。君らのどちらかは量子物理学を学んだことある？

ナターシャ　　：ただ話題を作る［世間話をする］ためだけにね。

　　　　　　　スコットはナターシャを指さす。

**Scott** : All right, so... five years ago, right before... Thanos... I was in a place called the quantum <u>realm</u>. The quantum realm is like its own <u>microscopic</u> universe. To get in there, you have to be incredibly small. Hope. She's my, um... She was my... She was supposed to pull me out. And then Thanos happened and I got stuck in there.

**Natasha** : <u>I'm sorry, that must have been a very long five years.</u>
◀ **Phrase 36**

**Scott** : Yeah, but that's just it. It wasn't. For me, it was five hours. See, the rules of the quantum realm aren't like they are up here. Everything is <u>unpredictable</u>. Is that anybody's sandwich? I'm <u>starving</u>.

Scott points at the peanut-butter sandwich on the table and walks over the table.

**Steve** : Scott. What are you talking about?

Scott picks up the half sandwich and starts to eat.

**Scott** : So... what I'm saying is... time works differently in the quantum realm. The only problem is right now we don't have a way to <u>navigate</u> it. But what if we did? I can't stop thinking about it. What if we could somehow control the chaos and we could navigate it? What if there was a way that we could enter the quantum realm at a certain point in time but then exit the quantum realm at another point in time? Like... Like before Thanos.

スコット　　：わかった、それで……5年前、ちょうどあの前、サノスのね……
俺は量子世界と呼ばれる場所にいた。量子世界は独自の、顕微鏡
でしか見えないような極微の世界みたいなものなんだ。その中に
入るためには、信じられないほど小さくならないといけない。
ホープ、彼女は俺の……その……彼女は俺の〜だった……（んだ
けど）。ホープが俺を（量子世界から）引っ張り出してくれるは
ずだった。その時、サノス（の例のやつ）が起こって、俺はその
中に閉じ込められたんだ。

ナターシャ　：大変だったわね、それはすごく長い5年だったに違いないわ。

スコット　　：あぁ、でもまさにそれなんだ。そんなこと［すごく長いってこ
と］はなかったんだよ。俺にとっては、5時間だった。ほら、量子
世界のルールはここでのルールとは違うんだよ。すべてが予測不
可能なんだ。あれ、誰かのサンドイッチ？　俺、腹ぺこなんだよ。

スコットはテーブルの上のピーナツバター・サンドを指さし、テーブルまで歩いてい
く。

スティーブ　：スコット。君は何を言ってるんだ？

スコットは半分のサンドイッチを手に取り、食べ始める。

スコット　　：それで……俺が言ってるのは……量子世界で時間は違った風に働
くってこと。唯一の問題は、今は量子世界を操る方法がないって
ことだ。でももし俺たちにその方法があればどうなる？　俺はそれ
を考えずにはいられないんだ。その混沌をどうにかコントロール
できて、それを操ることができたらどうなる？　時間のあるポイン
トで量子世界に入れて、それから時間の別のポイントで量子世界
から出られる方法があったらどうなる？　例えば……例えば、サノ
ス（の出来事）の前に。

Steve : Wait. Are you talking about a time machine?

Scott : No. No, of course not. No, not a time machine. This is more like a... Yeah. Like a time machine. I know, it's crazy. It's crazy. But I can't stop thinking about it. There's gotta be... some way... It's crazy.

Natasha : Scott. I get emails from a <u>raccoon</u>... so nothing sounds crazy anymore.

Scott : So, who do we talk to about this?

スティーブ ：待て。君はタイムマシンの話をしてるのか？

スコット ：いや。いや、もちろん違うよ。違う、タイムマシンじゃない。これはもっとその……。あぁ。タイムマシンみたいなものだ。わかってる、クレイジーだって。クレイジーだ。でも俺はそれを考えずにはいられないんだよ。何か方法があるはずだ……クレイジーだけど。

ナターシャ ：スコット。私はアライグマからEメールを受け取るの……だからもう何もクレイジーには聞こえないわ。

スコット ：それじゃあ、この件については誰に話す？

**CHAPT**

Tony and Morgan

0:32:52

トニーとモーガン

**Tony and Morgan**

There is a cabin by a lake. Tony Stark comes out of the cabin and walks toward the woods.

Tony claps his hands with a beat of "Let's Go" by The Routers.

Tony : <u>Chow time!</u>  ◀ Phrase **37**

He is looking at a small tent that has been pitched there. A small chair, like one made for a child, sits right outside the tent.

Tony : <u>Maguna</u>?

Tony crouches down and sits on the way-too-small chair. In his hands, he holds a stuffed animal.

Tony : <u>Morgan</u> H. Stark, you want some lunch?

The tent flaps open. Morgan is wearing a gold and blue helmet similar to Iron Man's. On her hand is a red glove with a glowing light at the center of its palm. It is made to look like a repulsor.

Morgan : <u>Define "lunch" or be disintegrated.</u>  ◀ Phrase **38**

Tony : Okay. You should not be wearing that, okay? That is part of a special anniversary gift I'm making for Mom.

Tony kisses Morgan on the cheek of the helmet and takes it off her head.

Tony : There you go. You thinking about lunch? I can give you a <u>handful</u> of <u>crickets</u> on a bed of lettuce.

Morgan : No.

湖畔にキャビンがある。トニー・スタークがそのキャビンから出てきて、森へと歩いていく。

トニーは、ルーターズの「レッツ・ゴー」のビート（レッツゴー拍子）で手を叩く。

**トニー**　　　：食事の時間だ！

トニーはそこに張られている小さなテントを見ている。子供のために作られたような、小さな椅子がテントのすぐ外に置いてある。

**トニー**　　　：マグナ？

トニーはしゃがんで、その小さすぎる椅子に座る。手にはぬいぐるみを持っている。

**トニー**　　　：モーガン・H・スターク、ランチ食べたいか？

テントの入口が開く。モーガンはアイアンマンのヘルメットに似た、金と青のヘルメットをつけている。片手には手のひらの真ん中に光るライトをつけた赤い手袋をしている。それはリパルサーに似せて作られている。

**モーガン**　　：「ランチ」の内容を言え、さもないと分解されちゃうぞ。

**トニー**　　　：よし。そんなのをかぶってちゃだめだ、いいか？　それは僕がママのために作ってる特別な記念日の贈り物の一部なんだよ。

トニーはモーガンのヘルメットの頬にキスをして、モーガンの頭からヘルメットを取る。

**トニー**　　　：それでいい。ランチのこと考えてる？　レタスのベッドにひとつかみ分のコオロギが載ってるのをあげられるぞ。

**モーガン**　　：いや。

Tony     : That's what you want. How did you find this?

Morgan   : Garage.

Tony     : Really? Were you looking for it?

Morgan   : No. I found it, though.

Tony     : Hmm. You like going in the garage, huh? So does Daddy.

Tony stands up, picking up Morgan in his arms.

Tony     : <u>It's fine, actually. Mom never wears anything I buy her.</u>
            ◀ **Phrase 39**

Holding his daughter in his left arm and carrying the blue helmet with his right hand, Tony walks across the lawn toward the front porch of his lakefront home.

Tony     : So, I'm gonna...

Tony sees Steve, Natasha, and Scott standing by a black Audi on the road near the house. Natasha nods at Tony. Tony nods back. Then she looks at Steve, tilting her head just slightly, meaning, "Let's go."

On the front porch of Tony's cabin. Tony pours a drink into a glass.

Scott    : No. We know what it sounds like.

トニー　：お前が食べたいのはそれだもんな。これ（このヘルメット）はどうやって見つけたんだ？

モーガン　：ガレージで。

トニー　：ほんとに？ それを捜してたのか？

モーガン　：ううん。見つけたけどね。

トニー　：ふうむ。モーガンはガレージに行くのが好きなんだな？ パパもそうだ。

　　　　トニーは、腕にモーガンを抱っこして、立ち上がる。

トニー　：それでいいさ、実際のところはね。ママは僕が買ってあげたものは何も身につけないんだ。

　　　　左腕で娘を抱っこして、右手に青いヘルメットを持ちながら、トニーは湖畔の自分の家の玄関ポーチに向かって芝生を横切って歩く。

トニー　：だから僕は……

　　　　トニーは家の近くの道で、黒いアウディの横にスティーブ、ナターシャ、スコットが立っているのを見る。ナターシャはトニーにうなずく。トニーはうなずき返す。それからナターシャはスティーブを見て、「行きましょう」というように頭をかすかにだけ傾ける。

　　　　トニーのキャビンの玄関ポーチ。トニーはグラスに飲み物を注ぐ。

スコット　：違うんだ。その話がどんな風に聞こえるかってことは俺たちにもわかってるけど。

**Tony and Morgan**

**Steve** : Tony, after everything you've seen, is anything really impossible? ◀ Phrase **40**

**Tony** : Quantum fluctuation messes with the Planck scale, which then triggers the Deutsch Proposition. Can we agree on that? ◀ Phrase **41**

*Steve raises an eyebrow. Tony hands the glass to Steve.*

**Steve** : Thank you.

**Tony** : In layman's terms, it means you're not coming home. ◀ Phrase **42**

**Scott** : I did.

**Tony** : No. You <u>accidentally</u> survived. It's a billion-to-one cosmic <u>fluke</u>. And now you wanna pull a... What do you call it?

**Scott** : A time heist?

**Tony** : Yeah, a time heist. Of course. ◀ Phrase **43**  Why didn't we think of this before? Oh, because it's <u>laughable</u>. Because it's a <u>pipe dream</u>.

**Scott** : The stones are in the past. We could go back, we could get them.

**Natasha** : We can snap our own fingers. We can bring everybody back.

スティーブ　：トニー、君がこれまで見てきたあらゆることをかんがみて、本当に不可能なことなど何かあるのか？

トニー　：量子ゆらぎがプランクスケールに干渉し、それがドイッチュの定理を引き起こすんだ。その点でお互いの意見は一致してるか？

スティーブは片方の眉を上げる。トニーはスティーブにグラスを手渡す。

スティーブ　：ありがとう。

トニー　：（わかりやすい）素人（しろうと）の言葉で言うと、それは元の世界に戻ってこないことを意味する。

スコット　：俺は戻った。

トニー　：いいや。君は偶然に生き延びただけだ。10億に1つの宇宙のまぐれ当たりだ。それで今、君たちはそれをやりたいんだな……何て呼ぶんだ？

スコット　：タイム泥棒［時間強盗］？

トニー　：そう、タイム泥棒。そうそう、そうだよな。どうして我々はこのことを以前に考えなかったんだ？　あぁ、それがばかげているからだ。空想的な夢物語だから。

スコット　：ストーンは過去にある。俺たちは戻って、それを手に入れることができる。

ナターシャ　：私たちは自分たちの指をパチンと鳴らすことができる。私たちでみんなを取り戻せるのよ。

Tony : Or <u>screw it up</u> worse than he already has, right?

Steve : I don't believe we would.

Tony : Gotta say it. <u>I sometimes miss that giddy optimism.</u> ◀ Phrase **44**   However, high hopes won't help if there's no logical, tangible way for me to safely execute said time heist. I believe the most likely outcome will be our collective demise. ◀ Phrase **45**

Scott : Not if we strictly follow the rules of time travel. All right? It means no talking to our past selves, no betting on sporting events.

Tony : I'm gonna stop you right there, Scott. Are you seriously telling me that your plan to save the universe is based on *Back to the Future*? Is it?

Scott : No.

Tony : Good. <u>You had me worried there.</u> ◀ Phrase **46**   'Cause that would be horseshit. That's not how quantum physics works.

Natasha : Tony. We have to take a stand.

Tony : We did stand. <u>And yet</u>, here we are.

トニー　　　：またはサノスがすでにしたよりも、さらに悪い形で失敗してしまうか、だろ？

スティーブ　：僕たちは失敗したりなんかしないと僕は信じている。

トニー　　　：これは言っておかないとな。そのめまいを起こさせるような楽観主義を、僕は時々懐かしく思うよ。しかしながら、高い望みは役に立たない。もし前述のタイム泥棒を僕が安全に遂行できるような論理的で確実な方法がないのならね。もっともあり得る結果は、我々の全滅だと思うよ。

スコット　　：もしタイムトラベルのルールに厳密に従えばそうはならない。だろ？ つまり、過去の自分自身と話さない、スポーツイベントで賭けをしない、ってこと。

トニー　　　：ちょっとそこで止めるぞ、スコット。宇宙を救うっていう君の計画は『バック・トゥ・ザ・フューチャー』に基づいてるって、本気で僕に言ってるのか？ そうなのか？

スコット　　：いや。

トニー　　　：よし。さっきはどうなるかと心配させられたよ。そうだとしたらばかげているから。量子物理学はあんな風には働かない。

ナターシャ　：トニー。私たちは立ち向かわなくちゃ。

トニー　　　：実際に僕たちは立ち向かった。それにもかかわらず、僕らはここにいる。

Scott : I know you got a lot on the line. You got a wife, a daughter, ◂ **Phrase 47** But I lost someone very important to me. A lotta people did. And now, now we have a chance to bring her back, to bring everyone back, and you're telling me that you won't even...

Tony : That's right, Scott. I won't even. I can't.

Morgan comes out of a door, heading for Tony.

Morgan : Mommy told me to come and save you.

He puts her on his lap, and Morgan rests her head on his shoulder.

Tony : Good job. I'm saved. I wish you were coming here to ask me something else. Anything else.

Tony stands up, Morgan in his arms. He walks over to Steve.

Tony : I'm honestly happy to see you guys, I just... Oh, look, the table's set for six.

Steve : Tony. I get it. And I'm happy for you. I really am. But this is a second chance.

Tony : I got my second chance right here, Cap. Can't roll the dice on it. ◂ **Phrase 48** If you don't talk shop, you can stay for lunch. ◂ **Phrase 49**

Steve, Natasha, and Scott head to the car.

スコット　：危険にさらされる可能性のあるものがあんたにはたくさんあるって
　　　　　ことはわかる。奥さんがいて、娘さんがいる。でも俺は俺に
　　　　　とってすごく大事な人を失ったんだ。たくさんの人が同じ経験を
　　　　　した。そして今、俺たちには彼女を取り戻す、みんなを取り戻す
　　　　　チャンスがあるのに、あんたはそんなことさえしないって言って
　　　　　るのか……？

トニー　：その通りだ、スコット。僕はそんなことさえしない。できない。

　　　　　モーガンがドアから出てきて、トニーの元に向かう。

モーガン　：ママが私に、ここに来てパパを助けろって言ったの。

　　　　　トニーはモーガンを膝に乗せ、モーガンはトニーの肩に頭をもたせかける。

トニー　：よくやった。僕は助けられたよ。何か別のことを頼みにここに来
　　　　　てくれたなら良かったのにな。何か別のことなら何でも。

　　　　　トニーはモーガンを腕に抱いたまま立ち上がる。トニーはスティーブに歩み寄る。

トニー　：本当に君たちに会えて嬉しいよ。僕はただ…… あぁ、ほら、6人
　　　　　用にテーブルをセットしてある。

スティーブ　：トニー。わかってる。そして僕も嬉しく思っている。本当だ。で
　　　　　もこれは2度目のチャンスなんだ。

トニー　：僕は今ここで2度目のチャンスを摑んだんだよ、キャップ。その
　　　　　ことでさいころを振るような賭けはできない。仕事の話をしない
　　　　　なら、ランチを食べてってくれていい。

　　　　　スティーブ、ナターシャ、スコットは車に向かう。

Natasha　: Well, he's scared.

Steve　: He's not wrong.

Scott　: Yeah, but, I mean, what are we gonna do? We need him. What, are we gonna stop?

Steve　: No, I wanna do it right. <u>We're gonna need a really big brain.</u>
◀ **Phrase** **50**

Scott turns back to look at Tony's house.

Scott　: <u>Bigger than his?</u>　◀ **Phrase** **50**

**ナターシャ**　：ねぇ、トニーは怖がってるわ。

**スティーブ**　：彼は間違ってない。

**スコット**　：そうだね、でも、俺たちこれからどうするの？ 俺たちにはトニー
　　　　　　　　が必要だ。何？ 俺たち（この計画を）やめちゃうの？

**スティーブ**　：いや、それを正しく［しっかり］やりたい。本当に大きな脳［頭
　　　　　　　　脳］が必要になるな。

　　　　　　　　スコットは振り返って、トニーの家を見る。

**スコット**　：トニーよりも大きな（脳）？

# ER 11

頭 脳 と 筋 肉

**Brains and Brawn**

Inside the diner, Steve, Natasha, and Scott are having breakfast with Bruce Banner. Only he isn't the same one we know. But he isn't exactly the Hulk, either.

**Bruce** : Come on, I feel like I'm the only one eating here. Try some of that. Have some eggs.

**Scott** : I'm so <u>confused</u>.

**Bruce** : These are confusing times.

He is like combination of both. He is Smart Hulk. He is wearing eyeglasses, a T-shirt, and a sweater over his immense green form.

**Scott** : Right, no, no. That's not what I meant.

**Bruce** : <u>Nah</u>, I get it. <u>I'm kidding!</u> I know, it's crazy. I'm wearing shirts now.

**Scott** : Yeah. What? How? Why?

**Bruce** : Five years ago, we got our asses beat.
Except it was worse for me... 'cause I lost twice. First, Hulk lost, then Banner lost... and then, we all lost.

**Natasha** : No one blamed you, Bruce.

ダイナー（簡易食堂）の中で、スティーブ、ナターシャ、スコットが、ブルース・バナーと朝食をとっている。ただ彼は我々の知っているブルース・バナーと同じではない。しかしハルクというわけでもない。

**ブルース** ：おいおい、ここで食べてるのは僕だけみたいに感じるじゃないか。その料理を食べてみて。卵をどうぞ。

**スコット** ：俺、すごく混乱してる。

**ブルース** ：今は混乱の時代だからね。

彼は両者を合体したような人物である。スマート・ハルク（賢い・知的なハルク）だ。彼はメガネをかけて、巨大な緑の体にTシャツとセーターを着ている。

**スコット** ：そうだけど、違う違う。俺が言いたかったのはそういうことじゃない。

**ブルース** ：いやいや、わかってるよ。冗談だよ！ わかってる、クレイジーだよね。今の僕はシャツを着てるんだから。

**スコット** ：そうだよ。何？ どうやって？ なぜ？

**ブルース** ：5年前、僕たちはやられた［負けた］。ただし、僕にとってはさらにひどかった……だって僕は2回負けたんだから。最初、ハルクが負けて、それからバナーが負けた……それから僕ら全員が負けた。

**ナターシャ** ：誰もあなたを責めたりしなかったわ、ブルース。

**Brains and Brawn**

**Bruce** : I did. <u>For years, I've been treating the Hulk like he's some kind of disease, something to get rid of.</u> ◀ **Phrase** **51**
But then, I start looking at him as the <u>cure</u>. Eighteen months in the gamma lab. <u>I put the brains and the brawn together.</u> ◀ **Phrase** **52**
<u>And now, look at me. Best of both worlds.</u> ◀ **Phrase** **53**

Three kids walk up to Bruce. A girl is holding a cell phone.

**Girl** : Excuse me, Mr. Hulk?

**Bruce** : Yes.

**Girl** : Can we get a photo?

**Bruce** : 100%, <u>little person</u>. Come on, step on up.

Bruce takes the phone from her, gesturing for her and the two other kids to come closer. Then he hands the phone to Scott.

**Bruce** : Do you mind?

**Scott** : Oh, yeah, yeah.

**Bruce** : Thanks. <u>Say "green."</u> ◀ **Phrase** **54**

**Bruce & Kids** : Green.

Scott snaps the picture.

**Bruce** : Did you get that?

ブルース 　　　：僕が（自分自身を）責めたんだ。何年もの間、まるでハルクとい
　　　　　　　　うのはある種の病気で、取り除くべきものであるかのように、僕
　　　　　　　　はハルクを扱ってきた。でもその後、僕は解決策として彼を見始
　　　　　　　　めるんだ。ガンマラボでの18カ月。僕は頭脳［知力］と筋肉［筋
　　　　　　　　力］とを融合したんだ。そして今、僕（のこの姿）を見てくれ。
　　　　　　　　両方のいいとこ取りだ。

　　　　　　　　3人の子供がブルースのところに歩いてくる。少女はスマホを持っている。

女の子 　　　：すみません、ハルクさん？

ブルース 　　　：はい。

女の子 　　　：一緒に写真を撮ってもいいですか？

ブルース 　　　：100% オッケーだよ、ちびっこさん。ほら、こっちに寄って。

　　　　　　　　ブルースは少女からスマホを受け取り、彼女と他の二人の子にもっと近くに来てとい
　　　　　　　　うしぐさをする。それからブルースはスコットにスマホを手渡す。

ブルース 　　　：いいかな？

スコット 　　　：あぁ、うん、うん。

ブルース 　　　：ありがと。はい（言って）、「グリーン」。

ブルースと子供たち：グリーン。

　　　　　　　　スコットが写真を撮る。

ブルース 　　　：今の（写真）、撮れた？

*Scott offers the phone back to the girl.*

**Scott** : That's a good one. Did you want to grab one with me? I'm Ant-Man.

*The kids look at each other, confused.*

**Scott** : They're Hulk fans. They don't know Ant-Man. Nobody does.

**Bruce** : No, he wants you to take a picture with him.

**Scott** : I don't want a picture.

**Boy 1** : <u>Stranger danger.</u>  ◀ **Phrase 55**

**Scott** : Yeah, look, he's even saying no, he doesn't. I get it. I don't want it, either.

**Bruce** : But come on. The kid...

**Scott** : I don't want a picture with them.

**Bruce** : He's gonna feel bad. They're happy to do it. They said they'll do it.

**Scott** : I don't want to do it.

**Boy 2** : We can do it.

**Bruce** : No, you feel bad.

スコットは少女にスマホを返そうと差し出す。

**スコット** ：それ、いい写真だよ。俺とも写真を1枚撮っときたかったかな？
俺はアントマンだ。

子供たちは、困惑した様子で、互いを見る。

**スコット** ：あの子たちはハルクのファンだ。アントマンは知らないよな。誰
も知らないもんな。

**ブルース** ：いやいや、君らが彼（スコット）と一緒に写真を撮ることを彼は
望んでるよ。

**スコット** ：写真はいらないよ。

**男の子1** ：知らない人には気をつけろ、だし。

**スコット** ：あぁ、ねぇ、あの子は嫌だとまで言ってる、彼は写真を撮りた
がってないよ。わかるよ。俺も撮りたくないから。

**ブルース** ：でもほら。あの子が……

**スコット** ：子供たちとの写真はいらない。

**ブルース** ：スコットがご機嫌損ねちゃうよ。あの子たちは喜んで写真撮るっ
てさ。撮るって言ったんだ。

**スコット** ：俺は撮りたくない。

**男の子2** ：僕たち、写真撮ってもいいよ。

**ブルース** ：いや、君（スコット）は機嫌を損ねるよ。

Scott : Take the <u>goddamn</u> phone.

Bruce : Okay.

*Bruce finally drops the subject as the girl takes the phone from Scott.*

Girl : Thank you, Mr. Hulk.

Bruce : No, it was great, kids. Thank you very much.

Bruce & Kids : <u>Hulk out!</u>  ◀ **Phrase 56**

Steve : Bruce.

Bruce : <u>Dab</u>.

Steve : Bruce.

Bruce : <u>Listen to your mom. She knows better.</u>  ◀ **Phrase 57**

Steve : About what we were saying.

Bruce : Right. The whole time travel <u>do-over</u>? Eh, guys, it's outside of my area of <u>expertise</u>.

Natasha : Well, you pulled this off. I remember a time when that seemed pretty impossible, too.

**スコット** ：その電話を受け取れよ［電話返すよ］。

**ブルース** ：わかった。

少女がスコットからスマホを受け取ると、ついにブルースはその話題をやめる。

**女の子** ：ありがとう、ハルクさん。

**ブルース** ：いやいや、最高だったよ、ちびっこたち。本当にありがとう。

**ブルースと子供たち**：ハルク・アウト！

**スティーブ** ：ブルース。

**ブルース** ：ダブ（ポーズ）。

**スティーブ** ：ブルース。

**ブルース** ：ママの言うことをよく聞けよ。ママは分別があるんだからな。

**スティーブ** ：僕らが言っていたことについてだが。

**ブルース** ：そうだね。一連のタイムトラベルでのやり直し？　あぁ、みんな、
それは僕の専門外だよ。

**ナターシャ** ：でも、あなたはこれ（頭脳と筋肉の融合）をうまくやってのけた。
それもかなり不可能だと思えた時のことを私は覚えてるわよ［不
可能だと思えた時もあったのに］。

Model Successful

CHAPT

0:39:03

モデル成功

Model Successful

Tony is standing in the kitchen, washing dishes. As he uses the handheld sprayer, he accidentally releases a burst of water into the air, splashing some items in the area. He picks up a dish towel and dries the plate quickly. Checking that there is no one else around, he sets it on a drying rack.

Tony wipes droplets of water on a shelf. We see the picture of Tony's father, Howard Stark, on the shelf. Tony reaches for another picture frame in the back.

He wipes droplets of water off the glass of the frame with the dish towel. It is a framed photograph of him and Peter Parker. The two are holding Stark Internship certificate together, with their hand behind their heads, middle and index fingers extended like bunny ears.

Tony Stark's library. He stands at a worktable in the center of the room as a hologram hovers in the air above its surface.

Tony : I've got a mild inspiration. I'd like to see if it <u>checks out</u>. <u>So, I'd like to run one last sim before we pack it in for the night.</u> ◄ **Phrase 58** This time, in the shape of a <u>Möbius strip</u>, <u>inverted</u>, please.

Friday : Processing.

Before Tony's eyes, the hologram starts to shift. He reaches out and touches the hologram, which responds to the motion of his fingers.

Tony : Right, give me the <u>eigenvalue</u> of that particle <u>factoring in spectral</u> <u>decomp</u>. That'll take a second.

Friday : Just a moment.

He picks up a bottle, takes a drink and eats snacks.

トニーはキッチンに立ち、皿を洗っている。手持ち式の噴射器（シャワーヘッド）を使っていて、誤って空中に水を噴出させてしまい、その場のいくつかの物にしぶきをかけてしまう。トニーはふきんを手に取り、皿を素早く拭く。あたりに誰もいないのを確認しながら、皿を乾燥用ラックに置く。

トニーは棚の水滴を拭く。棚の上にトニーの父ハワード・スタークの写真が見える。トニーは奥にある別の写真立てに手を伸ばす。

トニーはふきんで、フレームのガラスにかかった水滴を拭き取る。それはフレームに入れられた、トニーとピーター・パーカーの写真である。二人はスターク・インターンシップの認定証を一緒に持ち、手を頭の後ろに置いて、ウサちゃんの耳のように人差し指と中指を突き出している。

トニーの書斎。彼は部屋の真ん中の仕事台のところに立っており、テーブルの上の空中にはホログラムが浮かぶ。

**トニー**　：軽いひらめきが浮かんだんだ。合っているかどうか確かめたい。だから、今晩の仕事を終わりにする前に、（今日）最後のシミュレーションを実行したい。今回は、メビウスの輪［帯］の形で、反転させたものを頼む。

**フライデー**　：処理中です。

トニーの目の前で、ホログラムは変化し始める。トニーが手を伸ばしてホログラムに触れると、ホログラムは彼の指の動きに合わせて反応する。

**トニー**　：よし、スペクトル分解を計算に入れて、その粒子の固有値をくれ。それは少し時間がかかるだろうな。

**フライデー**　：少々お待ちください。

トニーはボトルを取って一口飲み、スナックを食べる。

**Tony** : <u>And don't worry if it doesn't pan out.</u> ◀ **Phrase 59**
I'm just kinda...

**Friday** : Model <u>rendered</u>.

With an amazed look, Tony sees the word in the hologram: MODEL SUCCESSFUL
MODEL SUCCESS 99.987%.

Tony sinks weakly into a chair in amazement. He covers his mouth with his hand
and spreads his arms.

**Tony** : Shit!

**Morgan** : Shit!

Tony turns around to see a not-at-all-sleepy Morgan sitting on the stairs. Tony
puts his finger over his lips.

**Tony** : <u>What are you doing up, little miss?</u> ◀ **Phrase 60**

**Morgan** : Shit.

**Tony** : <u>Nope</u>. We don't say that. Only Mommy says that word. She
<u>coined</u> it. It belongs to her.

**Morgan** : Why are you up?

**Tony** : 'Cause I've got some important shit going on here! Why do
you think? No, I <u>got something on my mind</u>. I got something
on my mind.

トニー　　　　：それに、それがうまくいかなくても心配するなよ。僕はただ
　　　　　　　　ちょっと……

フライデー　　：モデルがレンダリングされました［モデルのデータが描画で表示
　　　　　　　　されました］。

　　　　　　　　驚きの表情で、トニーはホログラムに表示された言葉を見る。「モデル成功。成功確
　　　　　　　　率 99.987%」

　　　　　　　　トニーは驚きで、へなへなと椅子に座り込む。手で口を押さえ、両腕を広げる。

トニー　　　　：くそ、まじか！

モーガン　　　：くそ、まじか！

　　　　　　　　トニーは振り向いて、全然眠くなさそうなモーガンが階段に座っているのを見る。ト
　　　　　　　　ニーは唇に指を当てる。

トニー　　　　：起きて［寝ないで］何してるんだ、お嬢ちゃん？

モーガン　　　：くそ、まじか。

トニー　　　　：だめだ。僕たちはそんな言葉は言わないの。ママだけがその言葉
　　　　　　　　を言うんだ。ママがその言葉を造り出したんだよ。その言葉はマ
　　　　　　　　マのものなんだ。

モーガン　　　：どうしてパパは起きてるの？

トニー　　　　：それはここで、くそ大事なことが起こってるからなんだよ！　なぜ
　　　　　　　　だと思うんだ？　いや、頭にある考えが浮かんでるんだよ。頭にあ
　　　　　　　　る考えが浮かんでるんだ。

Morgan : Was it juice pops?

Tony : Sure was. That's <u>extortion</u>. That's a word. What kind you want? <u>Great minds think alike.</u>  ◀ **Phrase 61**

Tony walks over to Morgan, and takes her by the hand.

Tony : <u>Juice pops exactly was on... my mind.</u>  ◀ **Phrase 62**

He looks back to the hologram in the library.

In Morgan's room.

Tony : <u>You done? Yeah?</u>  ◀ **Phrase 63**

Tony takes a last bite of the juice pop.

Tony : <u>Now you are.</u>  ◀ **Phrase 63**  Here. Wipe.

He pulls his shirtsleeve down, until it covers his hand. He wipes her mouth clean with his sleeve. Then he playfully smushes her head down into the pillow.

Tony : Good. That face goes there.

Morgan : Tell me a story.

Tony : A story. Once upon a time, Maguna went to bed. The end.

Morgan : That is a horrible story.

モーガン　：それ［パパが考えてたの］って、アイス［ジュース・ポップス］
　　　　　　（のこと）だった？

トニー　　：確かにそうだった。それって（アイスを要求する）ゆすりだぞ。
　　　　　　（れっきとした）言葉でもあるけどね。どんな種類のが欲しい？
　　　　　　賢人の考えることは同じだな。

　　　　　　　トニーはモーガンのところに歩いていき、彼女の手を引く。

トニー　　：アイス［ポプシクル］だよ、まさに……僕の頭に浮かんでたのは。

　　　　　　　トニーは書斎のホログラムを振り返って見る。

　　　　　　　モーガンの部屋。

トニー　　：食べ終わった？　そう？

　　　　　　　トニーはアイスの最後の一口を食べる。

トニー　　：さあこれで終わりだ。ほら、お口を拭いて。

　　　　　　　トニーはシャツの袖を手を覆うまで引っ張って伸ばす。トニーは袖で、モーガンの口
　　　　　　をきれいに拭いてやる。それからトニーはちょっとふざけた感じで、モーガンの頭を
　　　　　　枕に押し付ける。

トニー　　：よし。そのお顔はそっちにやって。

モーガン　：お話して。

トニー　　：お話か。昔々、マグナはベッドに入りました。おしまい。

モーガン　：それってひどいお話。

Tony : Come on, that's your favorite story. <u>Love you tons.</u>
◀ **Phrase** <u>64</u>

Tony kisses Morgan on the forehead.

Morgan : <u>I love you 3,000.</u> ◀ **Phrase** <u>64</u>

Tony : Wow. 3,000. That's crazy. <u>Go to bed or I'll sell all your toys.</u>
<u>Night night.</u> ◀ **Phrase** <u>65</u>

Morgan chuckles in bed. Tony walks into the living room and finds Pepper sitting on a sofa, reading.

Tony : Not that it's a competition... but she loves me 3,000.

トニー　　　：おいおい、今のはお気に入りのお話だろ。いっぱい愛してるよ。

　　　　　　　トニーはモーガンの額にキスする。

モーガン　　：3,000回愛してる。

トニー　　　：ワォ。3,000回か。それってすごいね。寝なさい、さもないとおもちゃを全部売っちゃうぞ。おやすみ。

　　　　　　　モーガンはベッドの中でくすくす笑う。トニーがリビングに歩いて入ると、ペッパーはソファに座って本を読んでいる。

トニー　　　：張り合うわけじゃないけど……でもあの子は僕を3,000回愛してるって。

# Model Successful

Pepper : Does she, now?

ペッパー　　　：あら、そうなの？

**Model Successful**

| | |
|---|---|
| **Tony** | : You were somewhere in the <u>low</u> 6 to 900 range. |

Tony puts the juice-pop stick into his mouth, and stares at the hologram in the library, holding his arms.

| | |
|---|---|
| **Tony** | : <u>Whatcha</u> reading? |
| **Pepper** | : Just a book on <u>composting</u>. |
| **Tony** | : What's new with composting? |
| **Pepper** | : Interesting science... |
| **Tony** | : <u>I figured it out. By the way.</u>  ◀ Phrase **66** |

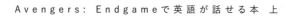

トニー　　　：君は、600前半から900までの範囲のどこかだったろ。

> トニーはアイスの棒を口に入れ、腕を組みながら、書斎のホログラムを見つめる。

トニー　　　：何、読んでるんだ？

ペッパー　　：ただの、堆肥を作ることについての本よ。

トニー　　　：堆肥を作ることに何も新しいことなんかないだろ？［何で今さら
　　　　　　　堆肥について学んでるんだ？］

ペッパー　　：興味深い科学よ……

トニー　　　：答えが出たんだ。話は変わるけど。

Model Successful

Pepper takes her eyes off the book and looks up at Tony. He pulls the juice-pop stick from his mouth.

ペッパーは本から目を離し、トニーを見上げる。トニーは口からアイスの棒を取る。

**Model Successful**

**Pepper** : And, you know, just so we're talking about the same thing...

**Tony** : Time travel.

**Pepper** : What? Wow. That's amazing... and terrifying.

**Tony** : That's right.

**Pepper** : We got really lucky.

**Tony** : Yeah. I know.

**Pepper** : A lot of people didn't.

**Tony** : Nope. And I can't help everybody.

**Pepper** : <u>Sorta</u> seems like you can.

**Tony** : Not if I stop. <u>I can put a pin in it right now and stop.</u>
◀ **Phrase** **67**

**Pepper** : Tony... trying to get you to stop... has been one of the few failures of my entire life.

**Tony** : Something tells me I should put it in a <u>lockbox</u> and drop it to the bottom of the lake... and go to bed.

**Pepper** : But would you be able to rest?

ペッパー　：それで、ほら、私たちが同じことについて語っていると確認する
　　　　　　ために（聞くけど）……

トニー　　：タイムトラベルだ。

ペッパー　：なんて。まぁ。それってすごい……それに恐ろしいわ。

トニー　　：その通りだ。

ペッパー　：私たちは本当にラッキーだった。

トニー　　：あぁ。わかってる。

ペッパー　：ラッキーじゃなかった人がたくさんいた。

トニー　　：あぁ。そして僕はみんなを救うことはできない。

ペッパー　：あなたにはできるような感じに見えるけど。

トニー　　：もし僕が（今やっていることを）やめたら、できない。今すぐそ
　　　　　　れをピンで留めて、やめることもできる。

ペッパー　：トニー……あなたにやめさせようとしたことが……私の全人生で
　　　　　　の数少ない失敗の一つだったわ。

トニー　　：何かが僕にこう言うんだ、それを鍵のかかる箱に入れて、湖の底
　　　　　　に沈めて……眠るべきだって。

ペッパー　：でも（そんなことをして）あなたはゆっくり眠ることができる
　　　　　　の？

0:43:19

タイムトラベル・テスト1回目

**Time Travel Test 1**

A lab in the Avengers compound.

**Bruce** : Okay, here we go. Time travel test number one. Scott, fire up... the, uh, van <u>thing</u>.

Scott is wearing the Ant-Man suit, and opens the back doors of the van. Inside is the Quantum Tunnel.

**Steve** : Breakers are set. Emergency generators are on standby.

**Bruce** : Good, because if we blow the grid, I don't want to lose, uh, Tiny here in the 1950s.

**Scott** : <u>Excuse me?</u>

**Natasha** : He's kidding. You can't say things like that.

**Bruce** : It was a bad joke.

Scott turns around. Natasha and Bruce whisper to each other.

**Natasha** : You were kidding, right?

**Bruce** : I have no idea. We're talking about time travel here. Either it's all a joke, or none of it is.

Bruce gives Scott a thumbs-up with a big smile.

**Bruce** : We're good! Get your helmet on. Scott, I'm gonna send you back a week, let you walk around for an hour, then bring you back in 10 seconds. <u>Make sense?</u>

アベンジャーズ本部のラボ。

ブルース　　：よし、行くぞ。タイムトラベル・テスト1回目。スコット、作動させてくれ……その、バンのやつを。

スコットはアントマン・スーツを着ていて、バンの後ろのドアを開ける。内部には量子トンネルがある。

スティーブ　：ブレーカーをセット。非常用電源スタンバイ。

ブルース　　：それでいい……っていうのは、もしグリッドが吹き飛んだ場合、ここにいるそのタイニー（ちっちゃい）くんを1950年代に置き去りにしたくないからね。

スコット　　：何だって？

ナターシャ　：ブルースは冗談を言ってるのよ。そんなこと言っちゃだめよ。

ブルース　　：悪い冗談だったな。

スコットが反対側を向く。ナターシャとブルースはひそひそ声で会話する。

ナターシャ　：冗談だったのよね？

ブルース　　：わからないよ。今ここで僕らはタイムトラベルの話をしてるんだ。すべてが冗談か、どれも冗談じゃないかのどちらかだ。

ブルースは満面の笑みを浮かべて、スコットに向け親指を立てる。

ブルース　　：いいぞ！　ヘルメットをつけて。スコット、君を1週間前に送るから、君には1時間歩き回ってもらって、それから（こちらでは）10秒後に君を連れ戻す。納得した？

Scott : Perfectly not confusing

Steve : Good luck, Scott. You got this.

Scott : You're right. I do, Captain America.

Scott disappears into the Quantum Tunnel.

Bruce : On a count of three... Three, two, one.

Someone wearing the Ant-Man suit returns from the Quantum Tunnel, but he appears to be a teenager.

Teen Scott : Uh... Guys? This doesn't feel right.

Steve : What is this?

Bruce : What's going on?

Natasha : Who is that?

Bruce : Hold on.

Natasha : Is that Scott?

Teen Scott : Yes, it's Scott.

He gets sucked into the Quantum Tunnel again. Then an old man in the Ant-Man suit appears.

Steve : What's going on, Bruce?

**スコット** ：全く、混乱はないよ。

**スティーブ** ：幸運を、スコット。君ならやれるさ。

**スコット** ：その通り。俺はやれるよ、キャプテン・アメリカ。

スコットは量子トンネルの中に消える。

**ブルース** ：3のカウントで……3、2、1。

アントマン・スーツを着た人物が量子トンネルから戻る。しかし彼は10代に見える。

**10代のスコット**：あー、みんな？　これってなんか違う感じだけど。

**スティーブ** ：これは何だ？

**ブルース** ：何が起こってるんだ？

**ナターシャ** ：あれは誰？

**ブルース** ：待て。

**ナターシャ** ：あれはスコット？

**10代のスコット**：そうだ、スコットだよ。

彼は量子トンネルに再び吸い込まれる。その後、アントマン・スーツを着た老人が現れる。

**スティーブ** ：何が起こってるんだ、ブルース？

| | |
|---|---|
| **Old Scott** | : Oh, my <u>back</u>! |
| **Steve** | : What is this? |
| **Bruce** | : Hold on a second. Could I get a little space here? |
| **Steve** | : Yeah, yeah, yeah. Can you bring him back? |
| **Bruce** | : <u>I'm working on it.</u>  ◀ **Phrase 68** |

Bruce flips switches and taps the side of the device. Another person appears from the Quantum Tunnel. It's a baby in the Ant-Man suit.

| | |
|---|---|
| **Steve** | : It's a baby. |
| **Bruce** | : It's Scott. |
| **Steve** | : As a baby. |
| **Bruce** | : He'll grow. |
| **Steve** | : Bring Scott back. |
| **Bruce** | : When I say <u>kill the power</u>, kill the power. |
| **Natasha** | : Oh, my God. |
| **Bruce** | : And... kill it! |

Natasha pulls a lever. Scott finally returns from the Quantum Tunnel.

| | |
|---|---|
| **Scott** | : Somebody peed my pants. |

**老人のスコット**：あぁ、腰が！

**スティーブ**　：これは何だ？

**ブルース**　：ちょっと待って。この場所をちょっと空けてもらえる？

**スティーブ**　：わかった、わかった、わかった。彼を連れ戻せるのか？

**ブルース**　：今、やってるよ。

> ブルースはスイッチを動かし、デバイスの横を叩く。また別の人が量子トンネルから
> 現れる。アントマン・スーツを着た赤ちゃんである。

**スティーブ**　：赤ちゃんだ。

**ブルース**　：スコットだ。

**スティーブ**　：赤ちゃんの姿のな。

**ブルース**　：彼はこれから成長するよ。

**スティーブ**　：スコットを連れ戻せ。

**ブルース**　：電源を切れと言ったら、電源を切ってくれ。

**ナターシャ**　：なんてこと。

**ブルース**　：そして……電源を切れ！

> ナターシャがレバーを引く。ついにスコットが量子トンネルから戻る。

**スコット**　：誰かが俺のパンツにおしっこした。

Natasha : Oh, <u>thank God</u>.

Scott : But I don't know if it was baby me or old me. Or just <u>me me</u>.

Bruce holds his arms out wide triumphantly, a broad smile on his face.

Bruce : Time travel!

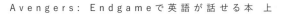

**ナターシャ**　　：あぁ、良かった。

**スコット**　　：でもそれが赤ちゃんの俺だったのか年寄りの俺だったのかわからない。もしくはただ俺の俺［今の俺］だったのか。

ブルースは意気揚々と両手を大きく広げ、満面の笑みを浮かべる。

**ブルース**　　：タイムトラベルだ！

Steve shakes his head and walks away.

**Bruce** : What? I see this as an <u>absolute</u> win.

スティーブは首を横に振り、歩き去る。

**ブルース** ：何？ これは完全な勝利だと僕は見てるよ。

0:45:24

# ER 14

二 人 の 男 の 握 手

**Two Men Shaking Hands**

The main entrance to the Avengers Headquarters. Steve is deep in thought, with his head down.

He hears a car engine roaring in the distance and sees the sports car approaching. It speeds around the curve, tires squealing. Audi pulls up right in front of the entrance. The car stops a few feet ahead of Steve. Then it goes in reverse until the driver's window is right next to him. The window goes down.

Tony : Why the long face? ◀ Phrase **69** Let me guess, he turned into a baby. ◀ Phrase **70**

Steve : Among other things, yeah. What are you doing here?

Tony : It's the EPR paradox.

Tony gets out of the car.

Tony : Instead of pushing Lang through time, you might've wound up pushing time through Lang. It's tricky, dangerous. Somebody could have cautioned you against it. ◀ Phrase **71**

Steve : You did.

Tony : Oh, did I? Well, thank God I'm here. Regardless, I fixed it.

Tony raises his wrist, showing off what looks like a futuristic watchband.

Tony : A fully functioning time-space GPS.

アベンジャーズ本部の正面玄関。スティーブはうつむいて物思いにふけっている。

スティーブは遠くで車のエンジンがうなるのを聞き、スポーツカーが近づいてくるのを見る。車はタイヤをきしませながらスピードを出してカーブを曲がる。入口の真正面にアウディが停まる。車はスティーブより2、3フィート前に停まる。その後、運転席の窓がちょうどスティーブの隣に来るように車はバックする。車の窓が開く。

トニー　：どうしてそんな浮かない顔をしてるんだ？　当ててみせようか、彼が赤ちゃんになったんだろ。

スティーブ　：他にもあるが、そうだ。ここで何してるんだ［どうしてここに来たんだ］？

トニー　：EPRパラドックスだ。

トニーは車から降りる。

トニー　：ラングに時間を強引に通過させる代わりに、時間が強引にラングを通過することになってしまったかもしれないんだ。扱いにくくて危険だ。それをしないようにと誰かが君たちに警告することもできただろうに。

スティーブ　：君が警告した。

トニー　：おや、僕が（警告）した？　まぁ、僕がここにいて良かったな。いずれにしても、その件は僕が解決した。

トニーは手首を上げ、近未来的な腕時計のようなものを自慢げに見せる。

トニー　：完全に機能する時空GPSだ。

**Two Men Shaking Hands**

Steve looks at Tony, with a smile.

Tony : I just want peace.

Tony makes peace sign with his fingers.

Tony : <u>Turns out</u> <u>resentment</u> is <u>corrosive</u>, and I hate it.

Steve : Me, too.

Tony : We <u>got a shot at</u> getting these stones, but I gotta tell you my priorities. <u>Bring back what we lost, I hope, yes. Keep what I found, I have to, at all costs.</u>◄ Phrase **72** <u>And maybe not die trying. Would be nice.</u>◄ Phrase **73**

Steve : Sounds like a <u>deal</u>.

Steve holds out his hand. Tony takes it. The two men shake, for the first time in years.

Tony pops the trunk of his car open, and picks up a large circular object with a plush dog and a blanket sitting in the curved area. Tony turns it over to dump the toy and the blanket back into the trunk, revealing Captain America's shield. Tony steps closer to Steve, holding the shield. Steve hesitates to take it.

Steve : Tony, I don't know.

スティーブは笑みを浮かべてトニーを見る。

**トニー** :僕はただ和解したいんだ。

トニーは指でピースサインを作る。

**トニー** :怒りは人の心をむしばむものだとわかったし、僕はそれが嫌いでね。

**スティーブ** :僕もだ。

**トニー** :このストーンを手に入れるということに我々は挑戦するが、僕の優先事項を君に言っておかないとな。失ったものは取り戻す、そうしたい、もちろん。僕が見つけたものは手放さない、僕はそうしなければならない、どんな犠牲を払っても。そして、できたらすべてを犠牲にすることなく（その目的が達成できる）［その過程で死なない］……ならいいよな。

**スティーブ** :それで決まりのようだな。

スティーブは手を差し出す。トニーはその手を取る。二人の男は何年ぶりかに握手する。

トニーは車のトランクを開け、カーブの部分にぬいぐるみの犬と毛布が載っている、大きな円形の物体を取り出す。トニーがぬいぐるみと毛布をトランクに落とすためにそれをひっくり返すと、キャプテン・アメリカの盾であるとわかる。トニーは手に盾を持ち、スティーブに近づく。スティーブはそれを受け取るのをためらう。

**スティーブ** :トニー、それはどうかな［僕が受け取っていいものかどうかわからないよ］。

**Tony** : Why? He made it for you.◄ Phrase **74** Plus, honestly, I have to get it out of the garage before Morgan takes it sledding.◄ Phrase **75**

Steve puts the shield on his left arm.

**Steve** : Thank you, Tony.

トニー　　：どうして？ 彼（僕の父）は君のためにその盾を作ったんだ。プラス、正直に言うと、その盾をガレージから出さないといけないんだよ、モーガンがそれをそり滑りに持っていく前にね。

　　　　　スティーブは左腕に盾をつける。

スティーブ　：ありがとう、トニー。

Tony : Will you keep that a little quiet? Didn't bring one for the whole team. We are getting the whole team, yeah?

Steve : We're working on that right now.

トニー 　　:今の［君に盾を渡したこと］はちょっと黙っててくれないかな。チーム全員にはそれぞれの盾を持ってこなかったんでね。僕たちはチーム全員を集めるんだよな？

スティーブ 　:今、それをやっているところだ。

0:47:53

# ER 15

疾風の中でのランチ

## Lunch in the Gale

Scott sits outside taking a lunch break, unwrapping his <u>taco</u>. He sets some tortilla chips on the bench and puts his drink down on a napkin to hold it in place. He carefully holds the taco in his hands, ready to take a bite.

Suddenly, wind starts to blow. It is like a gale. The gust blows the contents of the taco out of the shell. The Benatar lands in the yard of the Avengers compound.

Scott stares at the craft, mouth agape, clutching the now-empty taco shell in his hand. Nebula and Rocket come out of the ship's hatch.

**Rocket** : Hey, <u>Humie</u>. Where's Big Green?

**Scott** : The kitchen, I think. That's awesome.

Nebula walks past Scott, speaking over the comms.

**Nebula** : Rhodey, careful on re-entry. There's an idiot in the landing zone.

All of a sudden, War Machine lands right in front of Scott. He is so surprised and drops his taco.

**Scott** : Oh, God.

**Rhodey** : <u>What's up, Regular-Sized Man?</u>  ◀ Phrase **76**

War Machine walks away and Bruce walks up behind Scott. Bruce picks up two tacos from his own lunch, and gently hands them to Scott, with a smile. Then Bruce walks away.

スコットは外に座ってランチ休憩中で、タコスを包みから出している。ベンチにトルティーヤ・チップスを置き、ナプキンを固定するために飲み物を上に置く。手で注意深くタコスを持って、一口食べようとする。

突然、風が吹き始める。まるで疾風のようである。突風がタコスの皮から中の具を吹き飛ばす。ベネター号がアベンジャーズ本部の庭に着陸する。

スコットは口をぽかんと開けて、今は中身が空になったタコスの皮を手にしっかりと握りながら、その船を見つめる。ネビュラとロケットが船のハッチから降りてくる。

**ロケット**　：やあ、人間。ビッグ・グリーン（緑の大男）はどこだ？

**スコット**　：キッチンだと思うよ。あれ、すごいね。

ネビュラはスコットの横を歩いて通り過ぎ、通信機を通して話す。

**ネビュラ**　：ローディ、戻ってくる時は注意して。着陸ゾーンにバカがいる。

突然、ウォーマシンがスコットの真ん前に着地する。スコットはものすごく驚き、タコスを落とす。

**スコット**　：あぁ、もう。

**ローディ**　：調子はどうだ、標準サイズの男？

ウォーマシンが去り、ブルースがスコットの後ろから近づいてくる。ブルースは自分のランチからタコスを2個手に取り、微笑みながら、優しくそれをスコットに手渡す。そしてブルースは歩いて去っていく。

# CHAPT

ニュー・アスガルド

New Asgard

The 1972 song "Supersonic Rocket Ship" by The Kinks is playing in the background. The Benatar is about to land. Inside, Rocket and Bruce sit in the pilot chairs.

1972年のザ・キンクスの「スーパーソニック・ロケット・シップ」がBGMで流れている。ベネター号が着陸しようとしている。船内では、ロケットとブルースが操縦席に座っている。

**New Asgard**

A pickup truck proceeds to drive down the rough road toward a fishing village. Bruce and Rocket sit on the bed of the truck, and Bruce takes up most of it.

小型トラックが漁村に向かって、でこぼこ道を進んで行く。ブルースとロケットはそのトラックの荷台に座っており、ブルースが荷台の大部分を占めている。

They pass a sign saying, "WELCOME TO NEW ASGARD PLEASE DRIVE SLOWLY" and "VELKOMMEN TIL TØNSBERG," meaning "Welcome to Tønsberg" in Norwegian.

As the truck rolls through the small town, the Asgardians take notice. The truck comes to stop, and Rocket and Bruce hop out.

**Rocket** : Kind of a step down from the golden palaces and the magic hammers and <u>whatnot</u>.

**Bruce** : Hey, have a little <u>compassion</u>, pal. First, they lost Asgard, then half the people. They're probably just happy to have a home.

彼らは看板の横を通り過ぎる。そこには「ニュー・アスガルドへようこそ。徐行運転で」と、ノルウェー語で「トンスベルグへようこそ」と書いてある。

トラックが小さな町を走ると、アスガルド人たちが注目する。トラックは停まり、ロケットとブルースはひょいと飛び降りる。

ロケット　：黄金の宮殿や魔法のハンマーや何やかやから、ちょっとステップダウンした感じだな。

ブルース　：おい、少しは思いやりの気持ちを持ちなよ。まず、彼らはアスガルドを失って、それから国民の半分を失ったんだ。彼らは家［我が家、帰る場所］があるだけでただ幸せだろうね。

New Asgard

Valkyrie : You shouldn't have come.

Bruce : Ah! <u>Valkyrie</u>! Great to see you, angry girl!

Valkyrie : <u>I think I liked you better either of the other ways.</u>
◀ Phrase **77**

**ヴァルキリー**　：あんたは来るべきじゃなかったのに。

**ブルース**　　：あー！　ヴァルキリー！　会えて嬉しいよ、怒る女！

**ヴァルキリー**　：別の姿のどっちのほうでも、（今とは違う）別のほうのあんたが
　　　　　　　　　好きだったと思う。

New Asgard

Bruce : This is Rocket.

Rocket : <u>How ya doing?</u>　◀ Phrase **78**

Rocket is leaning against some baskets and raises his hand to her, trying to look cool. Valkyrie looks at him, without saying a word, and then turns back to Bruce.

**ブルース**　：こいつはロケットだ。

**ロケット**　：元気かい？

　　　　ロケットはかごにもたれ、彼女に挨拶の手を挙げて、クールに見せようとしている。
　　　　ヴァルキリーはロケットを見て、何も言わずに、ブルースのほうに向き直る。

**Valkyrie** : He won't see you.

**Bruce** : It's that bad, huh?

**Valkyrie** : We only see him once a month when he comes in for... "supplies."

She turns to see many barrels labeled BEER, STOUT and ASGARDIAN ALE on the side.

**Bruce** : It's that bad.

**Valkyrie** : Yeah.

**ヴァルキリー**　：彼はあんたには会わない。

**ブルース**　：そんなにひどいのか？

**ヴァルキリー**　：あたしたちも月に一度彼を見るだけ。彼が……「補給品」のため
　　　　　　に来る時に。

　　　　　　ヴァルキリーは、かたわらにある、ビール、スタウト（黒ビール）、アスガルド・
　　　　　　エールと書かれた樽のほうを見る。

**ブルース**　：そんなにひどいんだ。

**ヴァルキリー**　：ええ。

Rocket knocks on the door. There is no answer. He knocks on the door again. And then he pushes the front door open and goes inside. Bruce follows.

ロケットはドアをノックする。返事はない。ロケットは再度ドアをノックする。それから玄関のドアを押し開けて中に入る。ブルースが後に続く。

**New Asgard**

**Rocket** : What the...? Whew! Something died in here!

**Bruce** : Hello? Thor!

**Thor** : Are you here about the cable?

Thor has long hair and a lengthy beard to match. Shirtless, Thor walks over toward a fireplace, where there is a large bowl filled with several beer bottles. He picks up one of the bottles.

**Thor** : The Cinemax <u>went out</u> two weeks ago... and the sports are all kinda <u>fuzzy</u> and whatnot.

**Bruce** : Thor?

Bruce and Rocket enter a living room. Standing there is Thor. But he is not the one we remember from five years ago. He has put on weight and has a beer belly. Thor sees Bruce and Rocket, and lets out a laugh.

**Thor** : Boys! Oh, my God! Oh, my God, it's so good to see you!

Thor approaches Bruce and gives him a huge hug.

**Thor** : <u>Come here, cuddly little rascal.</u>　◀ Phrase **79**

Thor puts his hand atop Rocket's head. Then he pulls Rocket closer and rubs his furry head.

**Rocket** : Yeah, no, I'm good. I'm good. That's not necessary.

Rocket backs away from Thor.

ロケット　：一体何だ（この悪臭は）……？ ヒュー！ ここで何か死んだな！

ブルース　：おーい？ ソー！

ソー　　　：ケーブルのことで来たのか？

　　　　　ソーは長髪で、それと揃いの長いひげを生やしている。シャツは着ておらず、ソーは
　　　　　暖炉に歩いていく。そこには何本かのビールの瓶でいっぱいの大きなボウルがある。
　　　　　ソーは瓶の1本を手に取る。

ソー　　　：シネマックスは2週間前に止まって……スポーツは全部ぼやけた
　　　　　　りとか、そんなこんななんだ。

ブルース　：ソー？

　　　　　ブルースとロケットはリビングに入る。そこに立っているのはソーである。しかし、
　　　　　我々が5年前から記憶しているソーではない。彼は太ってしまい、ビール腹になってい
　　　　　る。ソーはブルースとロケットを見て笑い声をあげる。

ソー　　　：お前ら！ なんてこった！ なんてこった、会えて嬉しいよ！

　　　　　ソーはブルースに近寄り、大きなハグをする。

ソー　　　：こっちに来い、抱きしめたくなるほどかわいい、ちっちゃなわん
　　　　　　ぱく小僧め。

　　　　　ソーは手をロケットの頭の上に置く。それからロケットを引き寄せ、毛で覆われた頭
　　　　　をこするように撫でる。

ロケット　：あぁ、やめろ、わかった、わかった。そんなのいらないよ。

　　　　　ロケットはソーから離れる。

New Asgard

Thor : Hulk, you know my friends Miek and Korg, right?

Then Thor points toward Miek and Korg sitting on a couch. They wave at Bruce.

Korg : Hey, boys!

Bruce : Hey, guys. <u>Long time no see.</u>

Korg : Beer's in the bucket. <u>Feel free to log on to the Wi-Fi. No password, obviously.</u> ◀ Phrase **80**

Korg points toward the TV set. Korg is playing Fortnite. The avatar is running across a rooftop.

Korg : Thor, he's back. That kid on the TV just called me a <u>dickhead</u> again.

Thor : Noobmaster.

Korg : Yeah, NoobMaster69 called me a dickhead.

Thor : I am sick of this.

Thor removes the headset from Korg and puts it on.

Thor : Noobmaster, hey, it's Thor again. You know, the God of Thunder. Listen, <u>bud</u>, if you don't log off this game immediately, I am gonna fly over to your house, come down to that basement you're hiding in, rip off your arms, and <u>shove</u> them up your <u>butt</u>! Oh, that's right, yes! Go cry to your father, you little <u>weasel</u>.

ソー　　　：ハルク、俺の友達のミークとコーグは知ってるよな？

　　　　　　それからソーはカウチに座っているミークとコーグを指さす。二人はブルースに手を
　　　　　　振る。

コーグ　　：やあ、どうも！

ブルース　：やあ、君たち。久しぶり。

コーグ　　：ビールはバケツの中。Wi-Fi には遠慮なくログオンしてくれてい
　　　　　　いよ。パスワードもなし、言うまでもなくね。

　　　　　　コーグはテレビを指さす。コーグはゲームのフォートナイトをプレイしている。アバ
　　　　　　ターが屋根の上を走っている。

コーグ　　：ソー、やつが戻ってきた。テレビ（のゲーム）のガキが俺っちの
　　　　　　ことをまたバカって言ったんだよ。

ソー　　　：ヌーブマスターか。

コーグ　　：そうだ、ヌーブマスター69 が俺っちのことをバカって言ったんだ。

ソー　　　：これにはうんざりだ。

　　　　　　ソーはコーグからヘッドセットを取り外し、自分が装着する。

ソー　　　：ヌーブマスター、おい、またソーだ。覚えてるだろ、雷神だ。聞
　　　　　　けよ、お前、もし今すぐにこのゲームからログオフしなければ、
　　　　　　俺はお前の家まで飛んで行って、お前が隠れてるその地下室に降
　　　　　　りて、お前の腕を引きちぎって、お前の尻に突っ込んでやる！
　　　　　　あぁ、その通りだ、そうさ！ お前の父親に泣きつけよ、このくだ
　　　　　　らないイタチ野郎め。

New Asgard

| | |
|---|---|
| **Korg** | : Thank you, Thor. |
| **Thor** | : Let me know if he bothers you again, okay? |
| **Korg** | : Thank you very much. I will. |
| **Thor** | : So, you guys want a drink? What are we drinking? I've got beer, tequila, all sorts of things. |

Thor uses Stormbreaker as a bottle opener to crack open the beer in his hand. There are Hulk and Iron Man PEZ dispensers next to Stormbreaker. Thor takes a drink as Bruce puts his hand on Thor's shoulder.

| | |
|---|---|
| **Bruce** | : Buddy. You all right? |
| **Thor** | : Yes, I'm fine. Why? Why, don't I look all right? |
| **Rocket** | : You look like melted ice cream. |
| **Thor** | : So, what's up? You just here for a <u>hang</u>, or what? |
| **Bruce** | : We need your help. There might be a chance we could fix everything. |
| **Thor** | : What, like the cable? 'Cause that's been driving me <u>bananas</u> for weeks. |
| **Bruce** | : Like Thanos. |

**コーグ**　　：ありがとう、ソー。

**ソー**　　　：やつがまたお前を困らせたら、俺に教えるんだぞ、いいか？

**コーグ**　　：本当にありがとう。そうするよ。

**ソー**　　　：それで、お前ら、飲みたいか？　何を飲もうか？　ビール、テキーラ、あらゆる種類の酒があるぞ。

　　　　　　　ソーは、手に持っているビールの栓を抜くために、ストームブレイカーを栓抜きとして使う。ストームブレイカーの隣に、ハルクとアイアンマンのペッツ・ディスペンサー（容器）がある。ソーは酒を一口飲み、ブルースはソーの肩に手を置く。

**ブルース**　：なぁ。大丈夫か？

**ソー**　　　：ああ、俺は大丈夫だ。なぜ（そんなことを聞く）？　俺は大丈夫に見えないか？

**ロケット**　：溶けたアイスクリームみたいに見えるぞ。

**ソー**　　　：それで、どうしたんだ？　ここに来たのは友達と時間を過ごすためとかそんなのか？

**ブルース**　：僕たちは君の助けが必要なんだ。すべてを（元の状態に）修復することができるチャンスがあるかもしれないんだ。

**ソー**　　　：何、（修復って）ケーブルとか？　というのは、ケーブルのせいで、俺は何週間も怒り狂ってるんだよ。

**ブルース**　：サノスとか、だ。

**New Asgard**

Thor's expression suddenly changes. His jovial attitude has vanished. He grabs Bruce by the shirt, and then points a finger in his face.

Thor : Don't say that name.

Korg : Um, yeah, we don't actually say that name in here.

Slowly, quietly, Bruce takes hold of Thor's wrist and gently pulls Thor's hand away from his shirt.

Bruce : Please take your hand off me. Now, I know that guy... might scare you.

Thor : Why would I be...? Why would I be scared of that guy? I'm the one who killed that guy, remember? Anyone else here kill that guy? Nope. Didn't think so. Korg, why don't you, uh, tell everybody who <u>chopped</u> Thanos' big head off?

Korg : Um, Stormbreaker?

Thor : Who was swinging Stormbreaker?

Bruce : I get it. <u>You're in a rough spot, okay? I've been there myself.</u>
◂ **Phrase** **81**　And you want to know who helped me out of it?

Thor : Was it Natasha?

Bruce : It was you. You helped me.

ソーの表情が突然変わる。彼の陽気な態度は消え去ってしまっている。彼はブルースのシャツを掴み、彼の顔に指を向ける。

ソー　　　：その名前を言うな。

コーグ　　：あぁ、そうなんだ、俺っちたちはここではその名前を実際に口に出して言うことはないんだ。

ゆっくり、静かに、ブルースはソーの手首を掴み、自分のシャツからソーの手を穏やかに引き離す。

ブルース　：お願いだから君の手を放してくれ。ああ、あいつが……君を怯えさせるかもしれないってことは僕もわかってるよ。

ソー　　　：どうして俺が……？　どうして俺があの男に怯えたりするんだ？　あの男を殺したのは俺だぞ、覚えてるだろ？　ここにいる俺以外の誰かがあいつを殺す？　いいや。そんな風には思わなかったな。コーグ、サノスのでかい頭を切り落としたのは誰か、みんなに教えてやったらどうだ？

コーグ　　：あー、ストームブレイカー？

ソー　　　：ストームブレイカーを振り回したのは誰だった？

ブルース　：わかるよ。君はつらい状態にいるんだ、そうだろ？　僕自身にも経験あるよ。それで誰が僕をそこから救い出してくれたか知りたいか？

ソー　　　：ナターシャかな？

ブルース　：君だったんだよ。君が僕を救ってくれたんだ。

Thor heads toward a window and points outside.

Thor : So, why don't you ask... the Asgardians down there... how much my help is worth? The ones that are left, anyway.

Bruce : I think we could bring them back.

Thor : Stop. Stop, okay? I know you think I'm down here <u>wallowing</u> in my own <u>self-pity</u>, waiting to be rescued and saved, but I'm fine, okay. We're fine, aren't we?

Korg : Oh, we're good here, <u>mate</u>.

Thor : <u>So, whatever it is that you're offering, we're not into it.</u> ◀ **Phrase 82** <u>Don't care. Couldn't care less.</u> ◀ **Phrase 83** Goodbye.

Bruce : We need you, pal.

ソーは窓のほうに行き、外を指さす。

ソー　　　：なら、あそこにいるアスガルド人たちに……俺の助けがどれほど
　　　　　　価値があるか……尋ねたらどうだ？（アスガルド人と言っても）
　　　　　　どうせ、残された人々だけどな。

ブルース　：僕らが（死んでしまった）彼らを取り戻せると僕は思ってる。

ソー　　　：待て。待てよ、いいか？ 俺がここで自分を哀れんでもがきながら、
　　　　　　救われ助けられるのを待っていると思っているのはわかってるが、
　　　　　　俺は大丈夫だ。俺たち大丈夫だよな？

コーグ　　：あぁ、俺っちたちはここでうまくやってるよ。

ソー　　　：だから、お前が提案していることがどんなものであろうとも、俺
　　　　　　たちはそれに興味はない。どうでもいい。全くどうでもいいよ。
　　　　　　じゃあな。

ブルース　：僕たちには君が必要なんだよ。

Eating something, Thor shakes his head and swills more beer.

**Rocket** : There's beer on the ship.

**Thor** : What kind?

何かを食べながら、ソーは首を横に振り、さらにビールを飲む。

ロケット　　　：船にはビールがあるぞ。

ソー　　　　　：どんな種類の？

**Tokyo** CHAPT

0:54:20

# ER 17

東京

**Tokyo**

TOKYO. A Quinjet soars above the city of Tokyo at night. Below, violence has erupted on the rainy streets. At a bar, a dark-clad figure, <u>Ronin</u>, throws a dagger at a thug. The dagger stabs him. Men are shouting in Japanese.

Thug : **It's him! He's after Akihiko!**

Two thugs with a machine gun fire at Ronin, but the thugs get slain instead. A fourth thug runs up stairs, but Ronin stabs him with his knife. The thug falls down stairs. Ronin punches the fifth thug, who goes flying through the window in an explosion of glass.

A man in a dark coat jumps through the window of the building and Ronin follows him. Both of them land on an alleyway. The man, Akihiko, turns to Ronin, drawing his sword.

Akihiko : **Why are you doing this? We never did anything to you!**

Ronin : **You survived... Half the planet didn't. They got Thanos. You get me...**

Ronin removes a sword from its sheath. He swings his sword, deflecting Akihiko's strike. Then he brings his sword down over Akihiko's stomach, slicing.

Ronin : **You're done hurting people.**

Akihiko : **We hurt people? You're crazy!**

東京。クインジェットが夜の東京の街の上空を飛ぶ。地上では、雨の通りで暴動が勃発している。バーで、黒い服を着た人物、ローニンが短剣をチンピラに向かって投げる。短剣はその男に刺さる。男たちは日本語で叫んでいる。

**チンピラ** : やつだ！ やつがアキヒコさんを狙ってる！

マシンガンを持った2人のチンピラがローニンに向かって銃を発射するが、ローニンではなく代わりにそのチンピラ2人が殺される。4人目のチンピラが階段を駆け上がるが、ローニンがナイフでその男を刺す。チンピラは階段から落ちる。ローニンは5人目のチンピラを殴り、その男はガラスを割りながら、窓の外に飛ばされる。

黒いコートの男がビルの窓から飛び降り、ローニンがその後に続く。2人とも路地に着地する。その男、アキヒコがローニンのほうを向き、刀を抜く。

**アキヒコ** : お前はなぜこんなことをしている？ 俺たちはお前に何もしてないだろ！

**ローニン** : お前は生き延びた……地球上の半数は生き延びなかった。その者たちにはサノスがいた。お前には俺がいる……

ローニンはさやから刀を抜く。彼は刀を振り、アキヒコの攻撃をそらす。それからローニンはアキヒコの腹に刀を振り下ろし、切りつける。

**ローニン** : お前が人々を傷つけるのはもうおしまいだ。

**アキヒコ** : 俺たちが傷つけただと？ お前は正気じゃない！

Akihiko lunges at Ronin, who blocks the attack with his own sword, punching Akihiko in the neck with a fist. Ronin aims the sword right for Akihiko's throat. Akihiko gazes at Ronin, and then lowers his sword as if he was about to surrender. But he lunges at Ronin again.

Both swords clash. Ronin strikes Akihiko on the face, and then swings his sword, cutting Akihiko's stomach yet again.

**Akihiko** : Die!

Akihiko lunges at Ronin, aiming the point of his sword at him, but Ronin slices Akihiko's neck. Akihiko drops to his knees. And he reaches out for Ronin, grasping at his throat with the other hand.

**Akihiko** : Wait! Help me! I'll give you anything! What do you want?

**Ronin** : What I want... you can't give me.

アキヒコはローニンに突進するが、ローニンは自分の刀で攻撃を防ぎ、アキヒコの首を拳で殴る。ローニンはアキヒコの喉に刀を突きつける。アキヒコはローニンをじっと見て、それから降参しようとするかのように刀を下げる。しかしアキヒコはまたローニンに向かってくる。

二つの刀がガチンと音を立ててぶつかり合う。ローニンはアキヒコの顔を殴り、刀を振って、さらにもう一度、アキヒコの腹を切る。

**アキヒコ** ：死ね！

アキヒコは、剣先をローニンに向けながら突進するが、ローニンはアキヒコの首を切る。アキヒコは膝をつく。そして彼は一方の手で自分の首を摑みながら、ローニンに向かって手を伸ばす。

**アキヒコ** ：待て！ 助けてくれ！ お前に何でもやる！ 何が欲しい？

**ローニン** ：俺が欲しいものを……お前は俺に与えることはできない。

Raising his sword with both hands, Ronin stabs downward, striking Akihiko. Ronin pulls up on the sword, and wipes the blood from the blade on his sleeve in the crook of his elbow. Ronin feels he is being watched. He pulls the hood from his head.

刀を両手で振り上げて、ローニンは下に向けて刺し、アキヒコを討つ。ローニンは刀を引き上げ、折り曲げたひじの内側部分の袖で刃の血を拭く。ローニンは自分が見られていると感じる。彼は頭からフードをはぎ取る。

Clint     : You shouldn't be here.

Natasha    : Neither should you.

He turns, revealing himself as Clint Barton, and sees Natasha standing in the
rain, holding an umbrella.

クリント　　　：君はここにいるべきじゃない。

ナターシャ　　：あなたもね。

彼は振り向き、彼がクリント・バートンであることが明らかになる。そして雨の中で
傘を持って立っているナターシャを見る。

Tokyo

Clint : I've got a job to do.

Natasha : Is that what you're calling this? Killing all these people isn't gonna bring your family back. We found something. A chance, maybe.

クリント　　　：俺にはやるべき仕事があるんだ。

ナターシャ　　：あなたはこれをそう［仕事と］呼んでいるの？　この人たち全員を
　　　　　　　　殺してもあなたの家族は戻らないわ。私たちはあるものを見つけ
　　　　　　　　たの。チャンス、かもしれない。

Tokyo

Clint       : Don't.

Natasha    : Don't what?

Clint       : Don't give me hope.

Natasha    : I'm sorry I couldn't give it to you sooner.

Natasha takes his hand. The two grasp each other's hands.

**クリント**　：やめてくれ。

**ナターシャ**　：やめてくれ、って何を？

**クリント**　：俺に希望を与えないでくれ。

**ナターシャ**　：ごめんなさい、もっと早くあなたに希望を与えられなくて。

　　　　　　ナターシャはクリントの手を取る。二人は互いの手を握り合う。

# CHAPT

0:57:35

タイムトラベル・テスト2回目

The Avengers Headquarters. "<u>Doom and Gloom</u>" by the Rolling Stones is playing in the background. Thor is walking, wearing sunglasses. He opens a can of beer and takes a sip.

**Tony** : <u>You're drifting left. One side there,</u> ◀ Phrase **84**
<u>Lebowski</u>.

Tony walks past Thor, heading for a large platform that has been constructed inside the hangar at the Avengers Headquarters. A power cable is slung over his shoulder. Tony speaks to Rocket hammering a piece of machinery into place in the scaffolding beneath the platform.

**Tony** : <u>Ratchet</u>, <u>how's it going?</u> ◀ Phrase **85**

アベンジャーズ本部。BGMでザ・ローリング・ストーンズの「ドゥーム・アンド・グ
ルーム」が流れている。ソーはサングラスをして歩いている。ビールの缶を開けて一
口飲む。

トニー　　：左にそれてきてるぞ。そっちにどけ、リボウスキ。

トニーはソーの横を歩いて通り過ぎて、アベンジャーズ本部のハンガー（格納庫）の
内部に作られた大きなプラットフォーム（台）に向かう。電力ケーブルがトニーの肩
にかかっている。プラットフォームの下の足場で機械の部品をハンマーで取り付けて
いるロケットに、トニーが声をかける。

トニー　　：ラチェット、どんな感じだ？

Time Travel Test 2

Rocket : It's Rocket. Take it easy. You're only a genius on Earth, pal.
◀ **Phrase 86**

**ロケット** ：ロケットだ。そうむきになるなよ。お前は地球では天才だけどな。

Thor belches loudly and Tony looks back on him. Thor holds up his hands, as if to offer an apology.

Inside the lab. Scott is wearing a sleek, white-and-red suit, similar to the Ant-Man suit, with an "A" for "Avengers" logo on it.

ソーは大きなげっぷをし、トニーが振り返ってソーを見る。ソーはすまないとわびを入れるかのように両手を上げる。

ラボの中。スコットは、アントマン・スーツに似た、光沢のある白と赤のスーツを着ている。服にはアベンジャーズの"A"のロゴが入っている。

**Rhodey** : Time travel suit, <u>not bad</u>.

Bruce picks up a vial containing floating red particles and starts to insert it into the compartment on the waist of Scott's time-travel suit.

**Scott** : Hey, hey, hey! <u>Easy</u>! Easy!

**Bruce** : <u>I'm being very careful.</u> ◀ Phrase **87**

**Scott** : <u>No, you're being very Hulky.</u> ◀ Phrase **87**

**Bruce** : I'm being careful.

**Scott** : These are Pym Particles, all right? And ever since Hank Pym got snapped out of existence, this is it. This is what we have. We're not making any more.

**Rhodey** : Scott, <u>calm down</u>.

**Scott** : Sorry. <u>We've got enough for one-round trip each. That's it. No do-overs.</u> ◀ Phrase **88** Plus two <u>test runs</u>.

Apparently, Scott has accidentally pressed a button, and he shrinks out of sight. A second later, he reappears, enlarging to his normal size.

**Scott** : One test run. All right. I'm not ready for this.

**Clint** : <u>I'm game. I'll do it.</u> ◀ Phrase **89**

**ローディ**　：タイムトラベル・スーツか、悪くないね。

> ブルースは浮遊する赤い粒子を含んだガラスの小瓶を手に取り、それをスコットのタイムトラベル・スーツの腰にある装置の仕切りに挿入しようとする。

**スコット**　：おいおいおい！ 気をつけて！ 気をつけて！

**ブルース**　：僕はすごく気をつけてるよ。

**スコット**　：いや、すごくハルクっぽい（荒っぽい）感じだよ。

**ブルース**　：気をつけてるってば。

**スコット**　：これはピム粒子なんだよ、いいか？ そしてハンク・ピムがスナップによって存在を消されてしまってからというもの、（残った粒子は）これだけなんだ。これが俺たちが持ってるもの（のすべて）なんだ。俺たちはこれ以上作ってないんだよ。

**ローディ**　：スコット、落ち着け。

**スコット**　：ごめん。一人につき一往復する分しかないんだ。それだけだ。やり直しはないんだ。それプラス、2回の試運転と。

> どうやら、スコットは誤ってボタンを押してしまったようで、彼は小さく縮んで視界から消える。すぐに、普通のサイズに大きくなって、また現れる。

**スコット**　：1回の試運転だ。わかった。俺はこれへの気持ちの準備ができてない。

**クリント**　：俺はやる気あるぞ。俺がやろう。

Clint is standing at the entrance of the room. A moment later, Clint is standing in the lab in the time-travel suit. Nebula adjusts the controls of the suit.

**Bruce** : Clint, now you're gonna feel a little <u>discombobulated</u> from the chronoshift. Don't worry about that.

**Rhodey** : Wait a second. Let me ask you something. If we can do this, you know, go back in time, why don't we just find baby Thanos? You know, and...

Rhodey mimes strangling baby Thanos with a rope, and he raises his hands, looking at Bruce as if to say, "You know what I mean?"

**Bruce** : First of all, that's horrible.

**Rhodey** : It's Thanos.

**Bruce** : And secondly, time doesn't work that way. Changing the past doesn't change the future.

**Scott** : Look, we go back, we get the stones before Thanos gets them... Thanos doesn't have the stones. <u>Problem solved.</u>
◀ **Phrase** **90**

**Clint** : Bingo.

**Nebula** : That's not how it works.

**Clint** : Well, that's what I heard.

**Bruce** : Wait, but who? Who told you that?

クリントが部屋の入口のところに立っている。少し後、クリントはラボの中にタイムトラベル・スーツを着て立っている。ネビュラはスーツの制御装置を調整する。

**ブルース** ：クリント、これから君は時間移動により、少し混乱を感じることになる。それについては心配しないで。

**ローディ** ：ちょっと待て。質問させてくれ。もしこれをすることが可能なら、ほら、時間をさかのぼれるならさ、赤ちゃんのサノスを見つけるっていうのはどうかな？ ほら、そして……

ローディは、赤ちゃんのサノスをロープで絞め殺すのを無言の身ぶりで表し、両手を挙げて「俺の言ってる意味、わかるだろ？」とでも言うようにブルースを見る。

**ブルース** ：まず第一に、それはひどすぎるよ。

**ローディ** ：サノスだぞ。

**ブルース** ：それに第二に、時間はそんな風には働かない。過去を変えても未来は変わらないんだ。

**スコット** ：ねえ、俺たちが過去に戻って、サノスが手に入れる前に俺たちがストーンを手に入れれば……サノスはストーンを持ってない。問題解決だよ。

**クリント** ：ビンゴ（その通り）。

**ネビュラ** ：そんな風にはならない。

**クリント** ：そんな風に、俺は聞いたけど。

**ブルース** ：待って、でも誰が？ 誰が君にそう言ったんだ？

**Rhodey** : *Star Trek*, *Terminator*, *Timecop*, *Time After Time*.

**Scott** : *Quantum Leap*.

**Rhodey** : *Wrinkle in Time*, *Somewhere in Time*.

**Scott** : *Hot Tub Time Machine*.

**Rhodey** : *Hot Tub Time Machine*. *Bill & Ted's Excellent Adventure*. Basically, any movie that deals with time travel.

**Scott** : *Die Hard*. No, that's not one.

**Rhodey** : This is known.

**Bruce** : I don't know why everyone believes that, but that isn't true. Think about it. If you travel to the past, that past becomes your future, and your former present becomes the past, which can't now be changed by your new future.

**Nebula** : Exactly.

**Scott** : So *Back to the Future* is a bunch of bullshit?

Inside the hangar, Clint stands on top of the Quantum Tunnel Platform. It is much larger version of the Quantum Tunnel constructed in the back of the van.

Bruce flips a switch on the controls. Rocket, Nebula, Rhodey, Steve and Thor are standing near the controls, watching Clint.

**Bruce** : All right, Clint. We're going in three, two... one.

**ローディ**　　：『スター・トレック』『ターミネーター』『タイムコップ』『タイム・アフター・タイム』

**スコット**　　：『タイムマシーンにお願い』

**ローディ**　　：『リンクル・イン・タイム』『ある日どこかで』

**スコット**　　：『オフロでGO!!!!! タイムマシンはジェット式』

**ローディ**　　：『オフロでGO!!!!! タイムマシンはジェット式』『ビルとテッドの大冒険』。基本的に、タイムトラベルを扱ったあらゆる映画だ。

**スコット**　　：『ダイ・ハード』。いや、それは違うな。

**ローディ**　　：これは知られた話だよ。

**ブルース**　　：どうしてみんながそれを信じてるのかはわからないけど、でもそれは正しくない。考えてみてよ。もし過去に行ったら、その過去は君の未来になり、そして君の前の現在は過去になる、その過去は、その時に新しい未来によって変えることはできないんだ。

**ネビュラ**　　：その通り。

**スコット**　　：じゃあ『バック・トゥ・ザ・フューチャー』は嘘だらけってこと？

　　　　　　　ハンガーの内部で、クリントは量子トンネル・プラットフォームの上に立つ。それは、バンの後ろに作られた量子トンネルよりもずっと大きなものである。

　　　　　　　ブルースは制御盤のスイッチを入れる。ロケット、ネビュラ、ローディ、スティーブ、ソーは制御盤のそばに立ち、クリントを見ている。

**ブルース**　　：よし、クリント。突入するぞ、3、2……1。

Clint's helmet forms around his head. The floor in the center of the Quantum Tunnel Platform opens, revealing the spinning Quantum Tunnel beneath.

He shrinks and flies through the quantum realm. Clint heads toward the tunnel indicated by the navigation and enters. Clint appears from an opening, rapidly attaining his normal size.

Panting, he activates a control on his wrist. His helmet retracts away from his head. Looking around, he recognizes he is inside his barn. He raises to his feet and heads for the barn doors.

He approaches his farmhouse. He picks up a baseball glove and looks at it, chuckling.

Lila : Cooper? Where are my headphones?

Clint : Lila?

Cooper : I never had them.

Clint : Lila?

The wristband on his arm starts to beep.

Lila : Yeah, you had them yesterday!

Clint : Lila! Lila!

As he opens the front door and steps inside his home, the helmet forms around his head and he shrinks away from sight, disappearing.

クリントのヘルメットが頭の周りに形成される。量子トンネル・プラットフォームの中央の床が開き、その下に、回転する量子トンネルが現れる。

クリントは小さく縮み、量子世界の中を飛ぶ。クリントはナビが指示するトンネルに向かい、そこに入る。クリントは開いた穴から現れ、すぐに普通のサイズになる。

息を切らしながら、クリントは手首の制御装置を起動する。彼のヘルメットが頭から引っ込み消える。周りを見回し、クリントは彼が自分の家の納屋にいることに気づく。彼は立ち上がり、納屋のドアに向かう。

クリントは自分の農場の家に近づく。野球のグローブを拾い上げ、それを見て、嬉しそうに小さな声で笑う。

**ライラ**　：クーパー？ 私のヘッドホンはどこ？

**クリント**　：ライラ？

**クーパー**　：俺が持ってたことなんかないよ。

**クリント**　：ライラ？

クリントの腕のリストバンドがピーピーと鳴り始める。

**ライラ**　：あるわ、あんた昨日持ってたでしょ！

**クリント**　：ライラ！ ライラ！

クリントが玄関のドアを開けて、家に一歩入った時、頭にヘルメットが形成され、彼は視界から縮んで消える。

**Lila** : Yeah, Dad? Dad?

Lila emerges, looking at the door. But she sees no sign of her father anywhere.

**Clint** : Lila!

Now Clint is on the Quantum Tunnel Platform. He is on his hands and knees, gasping for air, as his helmet retracts. Natasha runs over to Clint, followed by Tony, Scott, and Rocket.

**Natasha** : Hey. Hey, look at me. You okay?

**ライラ**　：はーい、パパ？　パパ？

　　　　ライラが現れて、ドアを見る。しかし、彼女の父がいた形跡はどこにもない。

**クリント**　：ライラ！

　　　　今、クリントは量子トンネル・プラットフォームの上にいる。彼は手と膝をついて、苦しそうにあえぎ、ヘルメットが消える。ナターシャはクリントに駆け寄り、トニー、スコット、ロケットが後に続く。

**ナターシャ**　：ねえ。ねえ、私を見て。大丈夫？

**Time Travel Test 2**

**Clint** : Yeah. Yeah. It worked. It worked.

Clint shows the baseball glove to Natasha. And then he tosses the glove over to Tony.

**クリント**　　：ああ。ああ。うまくいった。うまくいったぞ。

クリントはナターシャに野球のグローブを見せる。そしてそのグローブをトニーに投げる。

1:01:48

# ER 19

タイム泥棒会議

A conference room. Holograms of the six Infinity Stones hover in the air as the Avengers meet to determine their plan of action. A graphic on the hologram reads: TIME HEIST BRAINSTORMING SESSION.

**Steve** : Okay, so the how works. Now, we gotta figure out the when and the where. ◀ Phrase **91** Almost everyone in this room has had an encounter with at least one of the six Infinity Stones.

**Tony** : Or substitute the word "encounter" for "damn near been killed" by one of the six Infinity Stones. ◀ Phrase **92**

**Scott** : Well, I haven't... but I don't even know what the hell you're all talking about.

**Bruce** : Regardless, we only have enough Pym Particles for one round-trip each. And these stones have been in a lot of different places throughout history.

**Tony** : Our history. So, not a lot of convenient spots to just drop in, yeah?

**Clint** : Which means we have to pick our targets.

**Tony** : Correct.

**Steve** : So, let's start with the Aether. Thor, what do you know?

Thor is sitting in a chair in the corner of the room, wearing sunglasses. He holds a can of beer in one hand while the other is placed on his beer belly.

**Natasha** : Is he asleep?

会議室。6個のインフィニティ・ストーンのホログラムが空中に浮かんでおり、アベンジャーズが行動プランを決定するために集まっている。ホログラムのグラフィックには「タイム泥棒会議（ブレインストーミング・セッション）」と書いてある。

スティーブ　：よし、それじゃあ「どのように」（方法）はうまくいく。今度は、「いつ」（時）と「どこ」（場所）かを考えなければならない。この部屋にいるほとんど全員が、6個のインフィニティ・ストーンのうち少なくとも1つと遭遇したことがあるな。

トニー　：または、6つのインフィニティ・ストーンの1つに「ほぼ殺されかけた」を「遭遇」という単語に置き換えてくれ。

スコット　：俺は遭遇したことないんだけど……君らが一体何の話をしてるのか俺にはわからないよ。

ブルース　：いずれにしても、それぞれが一往復するだけのピム粒子しかないんだ。そしてこれらのストーンは歴史を通じて、多くの異なる場所に存在してきた。

トニー　：僕たちの歴史にね。だから、ちょっと立ち寄れる便利な場所はたくさんあるわけじゃないだろ？

クリント　：それはつまり、ターゲットを選ばなければならない、ってことか。

トニー　：その通り。

スティーブ　：じゃあ、エーテルから始めよう。ソー、君は何を知ってる？

ソーはサングラスをかけた状態で、部屋の隅の椅子に座っている。片手でビールの缶を持ち、もう片方の手はビール腹の上に置いている。

ナターシャ　：彼は寝てるの？

**Rhodey** : No, no. I'm pretty sure he's dead.

Then a graphic appears on the hologram screen saying: OBJECTIVE REALITY
STONE. The letters of "Reality Stone" are written in red. Now Thor is standing in
front of the hologram.

**Thor** : Uh, where to start? Um... The Aether, firstly, is not a stone.
Someone called it a stone before. Um, it's more of an angry
<u>sludge</u> sort of a thing, so someone's gonna need to <u>amend</u>
that and stop saying that.

Thor puts some eyedrops in his eye. Watching Thor talking, the others look a
little confused.

**Thor** : Here's an interesting story, though, about the Aether. My
grandfather, many years ago, had to hide the stone from
the Dark Elves.

Thor wiggles his fingers suggesting scary and spooky beings.

**Thor** : Ooh. Scary beings. So, Jane, actually...

On the screen, a photo of Jane Foster emerges.

**ローディ** ：いやいや。間違いなく彼は死んでるね。

それからホログラム画面に「目標：リアリティ・ストーン」というグラフィックが表示される。リアリティ・ストーンの文字は赤で書かれている。今、ソーはホログラムの前に立っている。

**ソー** ：あー、どこから始めるべきかな？ うーん……エーテルは、まず第一に、ストーンじゃない。以前、誰かがそれをストーンと呼んだんだ。あー、（ストーンというよりは）むしろ荒ぶる泥のような感じのものだ、だから、誰かがそれ（ストーンという呼び名）を改めて、そう言うのをやめる必要があるだろうな。

ソーは目薬をさす。ソーが話しているのを見ながら、他の者たちは少し困惑した表情をしている。

**ソー** ：これはエーテルについての面白い話なんだが。俺の祖父はずっと前にダークエルフからストーンを隠さなければならなかったんだ。

恐ろしくて気味の悪いものを示すように、ソーは指をくねくねと動かす。

**ソー** ：う～。恐ろしい生き物だ。それで、ジェーンが、実は……

スクリーンにジェーン・フォスターの写真が現れる。

Thor : Oh, there she is. <u>Yeah, so Jane was an old flame of mine.</u> ◀ **Phrase 93** You know, she stuck her hand inside a rock this one time... and then the Aether stuck itself inside her, and she became very, very sick. And so I had to take her to Asgard, which is where I'm from, and we had to try and fix her. We were dating at the time, you see, and I got to introduce her to my mother... who's dead and, um...

Thor starts to look pensive.

Thor : Oh, you know, Jane and I aren't even dating anymore, so...

Bruce looks at Thor and makes a subtle slicing motion with fingers across his throat as if to say, "Less is more, buddy."

Thor : Yes, these things happen, though. You know? Nothing <u>lasts</u> forever. The only thing that...

Tony walks up to Thor and tries to push him back to a chair.

Tony : Why don't you come sit down?

Thor : I'm not done yet. The only thing that is <u>permanent</u> in life is impermanence.

Tony claps his hands and puts his hand on Thor's arm.

Tony : Awesome. Eggs? Breakfast?

Thor : No. I'd like a Bloody Mary.

ソー　：あぁ、それが彼女だ。あぁ、それでジェーンは俺の昔の恋人だった。彼女はある時、岩の中に自分の手を突っ込んだ……するとエーテルが彼女の中に入ったんだ、それで彼女はひどく、ひどく具合が悪くなった。だから俺は彼女をアスガルドに連れて行かなければならなかった。アスガルドっていうのは俺の出身地だ。それで俺たちは彼女を治療しようとした。ほら、その時、俺たちは付き合っていたから、俺は母に彼女を紹介することになった……その母は今はもう死んでいて……

ソーは物思いに沈んだ悲しげな顔になってくる。

ソー　：あぁ、ジェーンと俺はもう付き合ってはいない、それで……

ブルースはソーを見て、「（話は）少ないほうがいいよ」と言うかのように、かすかに、指で喉を横切って切るしぐさをする。

ソー　：ああ、こういうことは起きるものだがな。だろ？ 永遠に続くものなんてない。唯一のことは……

トニーがソーに歩み寄り、ソーを椅子に座らせようとする。

トニー　：座ったらどうだ？

ソー　：まだ話は終わってない。人生において変わらないただ一つのことは「変わること」だ。

トニーは拍手して、手をソーの腕に置く。

トニー　：すばらしいよ。卵いるか？ 朝食は？

ソー　：いや。ブラッディ・メアリーが欲しいな。

With an image of the Power Stone, now a graphic appears on the hologram screen saying: OBJECTIVE POWER STONE. The letters of "Power Stone" are written in purple. Rocket is explaining the Power Stone, standing on the table.

Rocket : Quill said he stole the Power Stone from Morag.

Bruce : Is that a person?

The Avengers sit around the table, eating takeout food. Bruce takes a bite of <u>Ben & Jerry's Hunk of Hulk of Burning Fudge</u>.

Rocket : No, Morag's a planet. Quill was a person.

Scott : Like a planet? Like in outer space?

Rocket : Oh, look. It's like a little <u>puppy</u>, all happy <u>and everything</u>.

Rocket coos as if he was talking to a little puppy, patting Scott on the head.

Rocket : Do you wanna go to space? You wanna go to space, puppy? I'll take you to space.

パワー・ストーンのイメージと共に、今度はホログラム画面に「目標：パワー・ストーン」というグラフィックが表示される。パワー・ストーンの文字は紫で書かれている。ロケットはテーブルの上に立ちながら、パワー・ストーンの説明をしている。

**ロケット** ：モラグからパワー・ストーンを盗んだとクイルが言ったんだ。

**ブルース** ：それって人なのか？

アベンジャーズはテーブルの周りに座って、テイクアウトを食べている。ブルースはベン&ジェリーズのハンク・オブ・ハルク・オブ・バーニング・ファッジを一口食べる。

**ロケット** ：いいや、モラグは惑星。クイルは人だった。

**スコット** ：惑星だって？ 宇宙の？

**ロケット** ：なぁ、見ろよ。ちっちゃな子犬みたいだな、幸せでしょうがない、って感じのさ。

ロケットは、スコットの頭を撫でながら、まるで小さな子犬に話しかけているかのように、甘ったるい口調でささやく。

**ロケット** ：宇宙に行きたいか？ 宇宙に行きたいか、ワンちゃん？ 俺がお前を宇宙に連れてってやるよ。

Now the hologram screen reads: OBJECTIVE SOUL STONE. The letters of "Soul Stone" are written in orange. Nebula is explaining the Soul Stone in front of them. Natasha jots down notes.

今度は、ホログラム画面に「目標：ソウル・ストーン」と出る。ソウル・ストーンの文字はオレンジ色で書かれている。ネビュラがみんなの前でソウル・ストーンの説明をしている。ナターシャはメモを取る。

Nebula : Thanos found the Soul Stone on Vormir.

Natasha : What is Vormir?

Nebula : A <u>dominion</u> of death... at the very center of <u>celestial</u> existence. It's where Thanos murdered my sister.

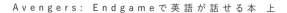

ネビュラ　　　：サノスはヴォーミアでソウル・ストーンを見つけた。

ナターシャ　　：ヴォーミアって何？

ネビュラ　　　：死が支配する場所……宇宙の存在のまさに中心にある。サノスが
　　　　　　　　私の姉を殺した場所。

Time Heist Brainstorming Session

There is an awkward silence after her remark.

彼女の発言の後、気まずい沈黙が流れる。

**Time Heist Brainstorming Session**

**Scott** : Not it. ◀ Phrase **94**

Now a graphic appears on the hologram screen saying: OBJECTIVE TIME STONE. The letters of "Time Stone" are written in green. Natasha is lying down on a conference table, with Tony right beside her. Bruce is lying on the floor.

**Natasha** : That Time Stone guy.

**Bruce** : Doctor Strange.

**Natasha** : Yeah, what kind of doctor was he?

**Tony** : Ear-nose-throat meets rabbit-from-hat. ◀ Phrase **95**

**Bruce** : Nice place in the Village, though. ◀ Phrase **96**

**Tony** : Yeah, on Sullivan Street?

**Bruce** : Mm... Bleecker Street.

**Natasha** : Wait, he lived in New York?

**Tony** : No, he lived in Toronto.

**Bruce** : Uh, yeah, on Bleecker and Sullivan.

**Tony** : Have you been listening to anything?

**Natasha** : Guys. If you pick the right year, there are three stones in New York.

**スコット** ：俺、行かない。

今度は、ホログラム画面に「目標：タイム・ストーン」と出る。タイム・ストーンの文字は緑色で書かれている。ナターシャは会議机の上に横たわり、すぐ隣にはトニーがいる。ブルースは床に横たわっている。

**ナターシャ** ：例のタイム・ストーンの人。

**ブルース** ：ドクター・ストレンジ。

**ナターシャ** ：そう、彼ってどういうドクターだったの？

**トニー** ：「耳鼻咽喉科（医）」と「帽子からウサギ」が合体したようなやつだ。

**ブルース** ：ビレッジのいい所だけどね。

**トニー** ：あぁ、サリバン通りだっけ？

**ブルース** ：うーんと……ブリーカー通りだ。

**ナターシャ** ：待って、その人、ニューヨークに住んでたの？

**トニー** ：いや、彼は（カナダの）トロントに住んでたよ。

**ブルース** ：あぁ、そうだ、ブリーカー通りとサリバン通りの交わるところだ。

**トニー** ：（人の）話を少しでも聞いてたか？

**ナターシャ** ：ねえ。正しい年を選べば、ニューヨークに3つのストーンがあるわよ。

Bruce sits up with a surprised look.

**Bruce** : <u>Shut the front door.</u> ◀ Phrase **97**

Inside the lounge, the hologram screen shows all six Infinity Stones, divided according to the different places and times the team would need to travel to in order to obtain them.

ブルースは驚いた顔をして、上半身を起こす。

**ブルース**　　　：驚いた［信じられない］。

ラウンジでは、ホログラム画面が6個すべてのインフィニティ・ストーンを表示している。それらを手に入れるために行く必要のある異なる場所と時間に従って分けられている。

Time Heist Brainstorming Session

Space Stone, Mind Stone, and Time Stone are in New York. Reality Stone is in Asgard. Power Stone and Soul Stone are on Morag and Vormir, respectively.

Steve : All right. We have a plan. Six stones, three teams, <u>one shot</u>.

スペース・ストーン、マインド・ストーン、タイム・ストーンはニューヨークに。リアリティ・ストーンはアスガルドに。パワー・ストーンとソウル・ストーンはそれぞれモラグとヴォーミアにある。

スティーブ　　：よし。僕たちのプランはこうだ。ストーンは6つ、チームは3つ、チャンスは1つ［1度］。

Steve walks toward the screen, staring at it. Clint, Rhodey, and Bruce are standing to his right. Tony is standing right next to him. Rocket, Scott, Nebula and Natasha are standing to his left. Thor is still sitting on a chair, eating something with a spoon. All ten Avengers look at the screen determinedly.

スティーブはスクリーンに歩み寄り、そのスクリーンを見つめる。クリント、ロー
ディ、ブルースはスティーブの右側に立っている。トニーはスティーブのすぐ隣に
立っている。ロケット、スコット、ネビュラ、ナターシャはスティーブの左側に立っ
ている。ソーはまだ椅子に座ったままで、スプーンで何かを食べている。10人のアベ
ンジャーズ全員が、固い決心を秘めた表情で、スクリーンを見つめる。

# CHAPT

何を犠牲にしても

**Whatever It Takes**

The sun is getting low as it shines through the windows of the hangar. The Avengers are all wearing their team time-travel suits as they march across the floor toward the Quantum Tunnel Platform.

太陽がだんだん沈み、ハンガーの窓を通して輝く。アベンジャーズは全員、チームの
タイムトラベル・スーツを着て、量子トンネル・プラットフォームに向かってフロア
を歩いていく。

**Steve** : Five years ago, we lost. All of us. We lost friends. We lost family. We lost a part of ourselves.

As they approach the platform, Bruce breaks off from the group, stopping at the control panel. The other Avengers continue on toward the ramp, walking up to the platform.

**Steve** : Today, we have a chance to take it all back. You know your teams. You know your missions. Get the stones. Get them back.

スティーブ　：5年前、我々は負けた。我々全員が。我々は友人を失った。家族を失った。自分自身の一部を失った。

　　　　　　　彼らがプラットフォームに近づくと、ブルースはグループから離れ、コントロールパネルのところで止まる。他のアベンジャーズは傾斜台に向かって歩き続け、プラットフォームを上る。

スティーブ　：今日、我々にはそれをすべて取り戻すチャンスがある。チームのことはわかっているな。自らの任務もわかっているな。ストーンを手に入れろ。彼らを取り戻すんだ。

Forming a circle on the Quantum Tunnel Platform, the Avengers <u>place their hands in the center</u>, one by one. Each wears a time-travel band on their wrist.

量子トンネル・プラットフォームの上で円陣を作り、アベンジャーズは一人ずつ、手を中央に置く。それぞれが手首にタイムトラベル・バンドをつけている。

**Steve** : One round-trip each. No mistakes... no do-overs. Most of us are going somewhere we know. That doesn't mean we should know what to expect. Be careful. <u>Look out for</u> each other. This is the fight of our lives... and we're gonna win.

Tony looks at Steve.

スティーブ　：それぞれが一往復。ミスは許されない……やり直しもきかない。ほとんどの者は自分たちが知っている場所に行くことになる。（だが）それは、何が起こるかがわかるはずだということにはならない。気をつけろ。互いに気を配れ。これは我々の命の戦いだ……そして我々は勝つ。

トニーはスティーブを見る。

**Steve** : <u>Whatever it takes.</u> ◀ Phrase **98** Good luck.

**Rocket** : He's pretty good at that.

**Scott** : Right?

**Tony** : All right. You heard the man. <u>Stroke</u> those keys, <u>Jolly Green</u>.

スティーブ　：何を犠牲にしても。幸運を。

ロケット　　：あいつはああいうの（スピーチ）、かなりうまいな。

スコット　　：だよな？

トニー　　　：よし。こいつの話は聞いたな。そのキーを打ってくれ、ジョリー・グリーン（陽気な緑の巨人）。

Bruce flips a series of switches on the controls with a pencil, in order not to flick an incorrect switch with his huge fingers.

ブルースは制御盤の一連のスイッチを鉛筆で操作している。彼の巨大な指で、間違ったスイッチを入れてしまわないように。

**Whatever It Takes**

Bruce　　: Trackers engaged.

On the platform, Clint opens his hand, revealing the Benatar shrunk to palm-size.

ブルース　　　：追跡装置、作動。

　　プラットフォームで、クリントが手を開くと、手のひらサイズに縮められたベネター
　　号の姿が見える。

Whatever It Takes

**Rocket** : You promise to bring that back <u>in one piece</u>, right?

**Clint** : Yeah, yeah, yeah, yeah. Okay, I'll do my best.

ロケット　　：それ（ベネター号）を無傷で持ち帰ると約束しろよ？

クリント　　：はいはいはいはい。オッケー、ベストを尽くすよ。

Clint gives him a forced smile.

**Rocket** : <u>As promises go, that was pretty lame.</u> ◀ Phrase **99**

Bruce joins the circle and taps his wristband.

**Natasha** : <u>See ya in a minute.</u> ◀ Phrase **100**

Natasha smiles at Steve. He smiles back.

クリントはロケットに作り笑いをする。

**ロケット** ：約束としては、今のはかなりひどかったな。

ブルースが円陣に加わり、リストバンドを叩く。

**ナターシャ** ：またすぐ後で会いましょ。

ナターシャはスティーブに微笑む。スティーブは微笑み返す。

Above the Avengers, metal panels begin to slide into a new position, spinning around and around.

アベンジャーズの上で、金属のパネルが新しい位置にスライドを開始し、くるくると
回転する。

Whatever It Takes

Their helmets form around their heads, one by one.

彼らの頭の周りに一人ずつ、ヘルメットが形成される。

The Quantum Tunnel rotates as the Avengers shrink from sight, disappearing into the quantum realm. They fly through the realm and head for each destination.

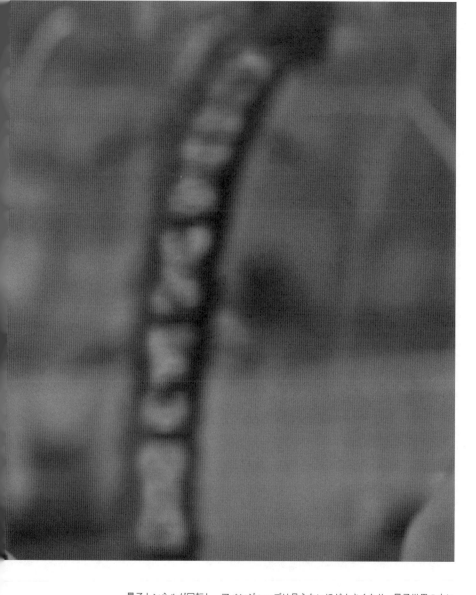

量子トンネルが回転し、アベンジャーズは見えないほど小さくなり、量子世界の中に
消える。彼らは量子世界の中を飛び、それぞれの目的地に向かう。

英文翻訳＆解説

**南谷三世**（みなみたに・みつよ）

1969年、大阪府生まれ。京都大学農学部卒。英検１級、TOEIC990点満点。一男一女の母。「フレンズ」の英語のセリフとジョークを解説するブログ『シットコムで笑え！ 海外ドラマ「フレンズ」英語攻略ガイド』管理人。ハンドルネームはRach（レイチ）。著書に『海外ドラマDVD英語学習法』（CCCメディアハウス）、『リアルな英語の9割は海外ドラマで学べる！』『リアルな英語の9割はアカデミー賞映画で学べる！』（池田書店）、『海外ドラマ英和辞典』（KADOKAWA）、英文翻訳＆解説書に『Avengers: Infinity War で英語が話せる本』『Avengers: Endgameで英語が話せる本　下』（KADOKAWA）などがある。

デザイン　桑山慧人

ＤＴＰ　　山口良二

校　正　　鷗来堂

Special thanks　草野友

Avengers: Endgame で英語が話せる本　上

2021年2月26日　初版発行

英文翻訳＆解説／南谷三世

発行者／青柳昌行

発行／株式会社KADOKAWA
〒102-8177　東京都千代田区富士見2-13-3
電話　0570-002-301(ナビダイヤル)

印刷所／株式会社加藤文明社印刷所

© 2021 MARVEL　Printed in Japan
ISBN 978-4-04-604488-4　C0082

# Detailed PHRASE Explanation

# &

# English-Japanese DICTIONARY

## フレーズ解説&英和辞典

- ☑ フレーズ解説では映画のセリフの中で、日常会話にも応用可能なものを主に取り上げています。

- ☐ 英和辞典では本書を読んでいく上でおさえておくとよい単語の意味をカバーしています。

- ☐ 複数の意味を持つ単語については、覚えておきたい意味や表現も紹介しています。

## Phrase 1 — Enough practice.
練習はそのくらいにして。

Laura Barton ローラ・バートン

0:01:09 p.028

### 「もう十分に練習した」→「練習はもうそのくらいで」

enough は形容詞で「十分な」。Enough practice. は「もう十分な練習をした」ということで「もう練習はそのくらいにしておきましょう」という意味で使われます。

 日常会話でこう使う

### Enough talk. It's time to sleep.
もうおしゃべりはこのくらいにしておこう。もう寝る時間だよ。

また、「十分な」ということから、「もうたくさん」というネガティブなニュアンスで使うこともできます。

### Enough is enough! / Enough!
もうたくさんだ［いい加減にしろ］！

### I've had enough (of this)!
（こんなのは）もうたくさんだ！

## Phrase 2 — Soup's on!
ご飯よ！

Laura Barton ローラ・バートン

0:01:10 p.028

### スープだけとは限らない

直訳すると「スープが（食卓に）出ている」ですが、「食事の用意ができたわよ！ ご飯よ！」という意味になります。スープに限らず、他の食べ物であっても、この表現は使えます。

意味としては、The meal is ready.「食事が準備されている」、The meal is

served.「食事が提供されている［食膳に上っている］」と同じで、今回の場合だと、**Lunch is ready!**「お昼［昼食］ができたわよ！」とも言い換えられます。

## Phrase 3

# If you find this recording... don't post it on social media.

もし君がこの録画を見つけても……
SNSに投稿するなよ。 **Tony Stark トニー・スターク**

0:03:43 p.038

### post「投稿する」

この **post** は動詞で「（ネットに記事などを）投稿する」。動詞 **post** には「（壁・柱・掲示板などに）ビラ・掲示をはる」という意味があります。**Post no bills.** だと「はり紙を禁ずる」という掲示の決まり表現。

なお、ペッパーへのメッセージの中で今日は22日目と言っていますが、今作『エンドゲーム』がMCUの22作目に当たることから22という数字が使われているのかもしれません。

 日常会話でこう使う

**I posted a message on your website last night.**
昨日の晩、君のウェブサイトにメッセージを投稿したよ。

## Phrase 4

# Infection's run its course,

感染症も治った、 **Tony Stark トニー・スターク**

0:04:11 p.038

### run its course「自然の経過をたどり治癒する」

**infection** は「感染、感染症」。**run its course** を直訳すると「（主語が）そのコースを走る」ということですが、「（病気・事件などが）自然の経過・成り行きをたどる、お決まりのコースをたどる」という意味になります。

主語が病気の場合は「（悪化することなく）通常の経過をたどって、最終的に治癒する」ことを意味します。「こうなるだろうと予想された通りのコースを進んで、自然な終わりを迎える」というニュアンスです。

日常会話でこう使う

## Let it run its course.
なるように［自然の流れに］任せよう。

 **Phrase 5**

## Oxygen will run out tomorrow morning... and that'll be it.

酸素は明日の朝には底をつく……
そしてそれで終わりだろう。

**Tony Stark**
トニー・スターク

0:04:43 p.042

### run out「使い果たす、底をつく」

run out は「なくなる、尽きる、底をつく」。このセリフのように〈主語（食料・金など）＋run out〉で「（主語が）なくなる」という形以外に、〈人＋run out of〉で「（人）が（食料・金など）を使い果たす」という形でも使えます。

 日常会話でこう使う

## We are running out of gas.
ガソリンがなくなりかけてるよ。

That's it. には「それで終わりだ・おしまいだ」という意味があるので、That'll be it. はその未来形で「それで終わり・おしまいだろう」ということ。酸素がなくなってしまったらもう生き延びることはできないと、自分たちの死を覚悟しているセリフです。

**Phrase 6**

# I know I said no more surprises, but I gotta say I was really hoping to pull off one last one.

これ以上サプライズはなしだと僕が言ったのはわかってるけど、でもこれだけは言わせてくれ、最後にもう一回サプライズをやってのけたいと本当に思ってたのに、って。

Tony Stark
トニー・スターク

0:04:53 p.042

## pull off 「うまくやってのける」

pull off は「(困難なこと) をうまく・首尾よくやってのける、やり遂げる、成し遂げる」。

 日常会話でこう使う

### We pulled off a surprise victory yesterday!
僕らは昨日、驚くべき勝利を見事に収めたんだ！

「これ以上サプライズはなしと言った」のは、前作『アベンジャーズ／インフィニティ・ウォー』でドクター・ストレンジに会う直前 [0:12:41] のセリフ、**And we should have no more surprises. Ever. I should promise you.**「そしてもう僕たちの間にはサプライズはなしだ。二度とね。僕は君に約束するよ」を指しています。

**hope to do** は「〜したいと思う」という、願いや願望を表す表現。
今回のように **I was hoping to do**「〜したいと思っていた」という過去進行形の場合は「そんな風に思っていたんだけれど、その願いは叶わない・叶いそうにない」というニュアンスが出ます。消息が長らく不明だった僕が、今、突然君の前に現れたら、それはものすごいサプライズになる、そんなサプライズを最後にもう一度したかったんだけどな、ということです。

**Phrase** **7** # It's been 23 days since Thanos came to Earth.

サノスが地球に来てから23日が経った。

James "Rhodey" Rhodes
ジェームズ・"ローディ"・ローズ

0:09:36 p.058

## It has been ... days since「～してから…日になる」

It's been は It has been という現在完了形で、It has been ... days since ～ の形で「～してから…日になる」という意味で使われます。

「過去に～した時以来」ということなので、since の後は過去形が使われますが、最初の部分は、今回のような It's been という現在完了形以外に、It's という現在形を使うことも可能です。

 日常会話でこう使う

## It's ten years since I met him.
## It's been ten years since I met him.
彼と出会ってから 10 年になる。

「～してから…日・年になる」という内容は、〈…日・年＋have passed since ～〉「～してから…日・年が過ぎた」という表現を使って表すこともできます。

## Ten years have passed since I met him.
彼と出会ってから 10 年が過ぎた。

## 8 Thanos wiped out... 50% of all living creatures.

サノスは生きている生物全体の
50%を消し去った。

Natasha Romanoff
ナターシャ・ロマノフ

0:09:53 p.058

### wipe out「消し去る、一掃する」

wipe は動詞で「拭く、ぬぐう」。「物やその表面を、布または手で拭く」というニュアンスです。I wiped all the dishes. なら「私は全部の皿を拭いた」、She wiped her tears away. なら「彼女は涙をぬぐった」となります。

wipe out は「消し去る、一掃する」という意味で、「(敵など)を一掃する、全滅させる」、つまり「殺す (kill)」の婉曲表現としても使われます。

## 9 We've been hunting Thanos for three weeks now.

この3週間の間、僕たちはずっとサノスを
捜している。

Steve Rogers
スティーブ・ロジャース

0:10:28 p.058

### 継続を表す現在完了進行形

have been doing は「現在完了進行形」で、「今に至るまでずっと~している・~し続けている」という「動作の継続」を表します。

 日常会話でこう使う

**I've been thinking a lot about you.**
ずっとあなたのことばかり考えているの。

## Phrase 10

# I didn't fight him. No, he wiped my face with a planet while the Bleecker Street magician gave away the store.

僕はやつと戦ったりしなかった。そうさ（戦ってない）、やつは惑星で僕の顔を拭き、その一方で、ブリーカー通りの魔術師は下手な交渉をしたし。

Tony Stark
トニー・スターク

0:10:39 p.060

## タオルじゃなくて「惑星」で顔を拭く

he wiped my face with a planet を直訳すると「彼は惑星で僕の顔を拭いた」となるでしょう。これは前作『インフィニティ・ウォー』において、惑星タイタンで、サノスがトニーたちに向けタイタンの月（**moon**）を落としてきた時のことを言っています。

サノスが月を落としてきたことで、トニーは地面に叩きつけられます。月に押しつぶされ、トニーの体は地面と摩擦し、体の表面を強く擦るような形でスライドしたでしょう。惑星（**planet**）の地表に顔から落ち、月に押し付けられた勢いでズリズリと顔の表面を激しく擦られたことを、「惑星（の表面）で顔を拭かれる」と表現したと考えられます。降ってきた月の破片で顔を傷つけられるよりも、それに押しつぶされて地面で顔を削られるほうがさらに「負けた感」が出る気がします。

「〜で顔を拭く」と言う場合、まずは「タオル」が頭に浮かびます。また「AがBの顔をタオルで拭く」というのは、自分で顔を拭けない子供が、大人に顔を拭いてもらうイメージも浮かびます。

「サノスのせいで、惑星タイタンの表面にぶつけられ、顔が傷ついた」ということを、「大人が子供の顔を拭くように、サノスに顔を拭かれた」と表現したと考えられます。また、実際には惑星は動いておらず、トニーのほうが惑星上をスライドしているわけですが、「そのような動きを引き起こしたのはサノスである」ことを示すために、主語をサノスにして惑星をタオルに見立て、「惑星でトニーの顔を拭いた」と表現することで、サノスの人間離れした桁違いのパワーを語っていると思われます。

**Bleecker Street** 「ブリーカー通り」はニューヨーク・マンハッタンにある通

りで、ドクター・ストレンジが住んでいたサンクタム・サンクトラムがある場所。つまり「ブリーカー通りの魔術師」とはドクター・ストレンジのこと。

give away は「(ただで)(人に物)をやる、与える、くれてやる」。そしてこのセリフで使われている give away the store は「(相手に与えすぎるなど)下手な交渉・取引をする」という意味です。インフィニティ・ストーンにまつわる話をしていることから、store をよく似た綴りの stone に見間違えてしまいそうなので注意が必要です。この表現を使っていることから、「自分(トニー)の命を助けるために、大切なインフィニティ・ストーンをみすみす相手にくれてやるなんて」とトニーが思っていることがうかがえます。

## Phrase 11 I saw this coming a few years back.
数年前に僕はこうなるってわかってた。　Tony Stark トニー・スターク

0:10:53 p.060

### I didn't see that coming. なら「そう来るとは思わなかった」

a few years back は「数年前に」。a few years ago と同じことですが、口語ではこのように ago の代わりに back が使われることがあります。

see は「見る」ですが「わかる」という意味もあります。このトニーのセリフについては、その後に I had a vision.「ビジョン(幻)を見たんだ」と言っているので「見た」と訳しても違和感はないのですが、意味としては「数年前から、こういう事態がやってくるのをわかっていた」と言っていることになります。

このような see、coming を使った表現では、I didn't see that coming. というフレーズがよく使われます。

🔄 日常会話でこう使う

**A : You can use my car. Only if you buy me dinner tonight.**
俺の車、使っていいよ。ただし今夜、夕食をおごってくれたらね。

**B : Oh, I didn't see that coming.**
あぁ、そう来たか [そう来るとは思わなかった]。

I didn't see that coming. は「それが来るとは思わなかった、それが来るとは想像しなかった」。

相手が意外なことを言ったり、思いがけないことをしたりなど、想定外の状況に、「そう来るか。そう来るとはね。そう来るとは思わなかった」のように驚く感覚になります。日本語でも「来る」という単語を使うところに come との共通点を感じます。

この後、「ビジョン（幻）を見たんだ。夢を見ているんだと思ってた」というセリフが続きますが、そのビジョンは『アベンジャーズ／エイジ・オブ・ウルトロン』に出てきます [0:10:29]。ヒドラの施設にいたスカーレット・ウィッチのテレキネシスで、トニーは幻影を見せられ、そこではアベンジャーズのメンバーたちが死に、キャップの盾も破壊されている様子が映し出されていました。

---

## Phrase 12　And I needed you. As in, past tense.

そして僕は君を必要としていたんだ。
過去形にあるように必要「だった」んだよ。

Tony Stark トニー・スターク

0:10:59 p.060

## 言葉でわざわざ「過去形」と言って、過去のことだと強調する

as in は「例えば〜にあるような、〜に見られるような」。as in = as seen in 「〜に見られるような」と理解すればよいでしょう。

tense は英文法において「動詞の時制」という意味がありますので、past tense は「過去時制、過去形」になります。

スティーブが Tony, I'm gonna need you to focus.「トニー、君には（話をそらさず、この件に）集中してもらう必要があるんだが」と need という動詞を使ったのを受けて、「君は僕に集中することを need すると言うが、過去に僕は君を need した（needed）ことがあったんだよ」と返したことになります。僕が need した時に君は応じなかったのに、僕に対して need という言葉を使うのか？ というニュアンスです。

過去であることは動詞を過去形にすることで表現できますが、「過去」であることを表すために past tense「過去形」という言葉を使うことがよくあります。

> **A : You're not with Billy today. How is he?**
> 今日はビリーと一緒じゃないのね。彼はどうしてるの？
>
> **B : Oh, he's past tense.**
> あぁ、彼はもう過去形［過去の人］なの。

He's past tense. を直訳すると、「彼は過去形だ」ということですが、これは「彼は私にとってもう過去の人だ。彼とのことは過去の話だ」という意味になります。日本語で「彼はもう過去形なの」と言っても、そのイメージは伝わるでしょう。過去だと言っていることで、今は違う、つまり「今は彼とは付き合っていない」ということを示唆します。

## Phrase 13 **That trumps what you need.**
それは君が必要とするものに勝るんだ。　Tony Stark トニー・スターク

0:11:03 p.060

### trump「～に勝る・勝つ」

trump は動詞で「～に勝る・勝つ、切り札・奥の手で～に勝つ」。名詞では「切り札、奥の手」という意味で、その場合は trump card とも表現します。日本語の「トランプ」（カード一式）は英語では (playing) cards となるので注意。

## Phrase 14 **We're the "Avengers," not the "Pre-vengers."**
僕たちは「アベンジャーズ（報復する者たち）」なんだ、「プリベンジャーズ（先に報復する者たち）」じゃなくて。　Tony Stark トニー・スターク

0:11:42 p.062

### 報復する者だから先に攻撃はできない

Avengers の avenge は動詞で「報復する、復讐する、仕返しをする、かたきを討つ」。自分や、自分の家族・友人に害をなした者に対して、その仕返しとして罰を与える、というニュアンスです。

「リベンジ」という日本語にもなっている **revenge** も「復讐する」という意味ですが、**avenge** のほうがフォーマルな言葉となります。

「報復、復讐、仕返し」という和訳にも表れているように、「お返しとして」攻撃するということで、あくまでも相手が先に仕掛けてくることが前提となっています。

**avenge** と **revenge** に共通する **venge** には「復讐」のニュアンスがあり、**vengeance** だと名詞で「復讐」を意味し、名詞の **revenge** よりもフォーマルな単語になります。

トニーのセリフの **Pre-vengers** はハイフン付きで表記されていますが、これは **Avengers** をもじったトニーの造語。

**venge** に「復讐」のニュアンスがあるので、**pre-venge** は「先に・前もって報復する」のような意味になります。本来「報復」は何かをされたことに対する仕返しなので「先に報復する」という日本語は奇妙なものとなってしまいますが、「アベンジャーズ」はその言葉通り、相手が攻撃してきた時に報復するという存在であって、相手が攻撃をしてこないうちから、来るであろう攻撃に対して「先回りして報復［攻撃］する」＝「先手を打つ」ことが可能な「プリベンジャーズ」ではないんだ、と言っているわけです。

脅威があるとわかっていても、先にこちらから仕掛けることができない、常に後手後手に回っている、いつも手遅れである、というもどかしさを、自分たちを表すヒーロー名を使って表現していることになります。

なお、このセリフの前に「君（スティーブ）はこう言った」とトニーは言っていますが、実際に『エイジ・オブ・ウルトロン』[0:35:47]で、トニー：**We'll lose.** スティーブ：**Then we'll do that together, too.** という会話がありました。今回の『エンドゲーム』のトニーのセリフでは、スティーブが言ったセリフを言う時に、スティーブの低い声色を真似ています。

# I got nothing for you, Cap. I got no coordinates... no clues, no strategies, no options. Zero. Zip. Nada. No trust, liar.

君に提供できるものは何もないよ、キャップ。
座標もない……手がかりもない、戦略もない、
オプションもない。ゼロ。ジップ。ナーダ。
信頼もない、嘘つきめ。

Tony Stark
トニー・スターク

0:11:52 p.064

## これでもかと「ない」を強調する、ないないづくし

スティーブが言った「手がかり、座標」以外に「戦略もオプションもない」と
言った後、「ない、無」を意味する単語を並べます。

**zero** は日本語にもなっている「ゼロ」で、**zip** は「ゼロ、無得点」を意味する
俗語。

 日常会話でこう使う

## Our team lost, five to zip.
我々のチームは 5 対 0 で負けた。

**nada** は「無（**nothing**）」を意味するスペイン語が語源。発音は「ナーダ」。

**No trust, liar.**「信頼もない、嘘つきめ」というのは、目の前のスティーブにつ
いて言った言葉。トニーとスティーブは、ソコヴィア協定に対する意見の相違
から対立し、『シビル・ウォー／キャプテン・アメリカ』では、アベンジャー
ズ内でトニー側とスティーブ側に分かれて戦うことになります。さらにその
『シビル・ウォー』の終盤では、スティーブがトニーの両親の死についての重
要な事実を隠していたことが発覚しトニーは激昂、二人の決裂が決定的になり
ました（60ページの解説参照）。

前作『インフィニティ・ウォー』では、スティーブのことをまだ許せないなが
らも、スティーブが送ってきたガラケーで彼に連絡しようとしていましたが、
電話をかけることなくQシップで惑星タイタンに行くことになります。キャプ
テン・マーベルに運ばれて無事地球に戻ったトニーでしたが、二人はまだ決裂

した関係を修復できておらず、ここでスティーブを liar「嘘つき」と呼んだことで、トニーはまだスティーブを許せていないことがわかります。

## You know, we usually work as a team here, and, uh, between you and I, morale's a little fragile.

ねえ、私たちはたいてい、チームとして動いてるの、そして、ここだけの話だけど、士気ってちょっともろくて崩れやすいのよね。

Natasha Romanoff
ナターシャ・ロマノフ

0:12:38　p.066

### between you and I「内緒の話だけど」

between you and I は「（あなたと私の間の）ここだけの・内緒の話だけど」。一般的には between you and me と表現することのほうが多いです。
morale は「士気、やる気」。fragile は「壊れやすい、もろい、はかない」。中身が壊れやすいものであることを示す「割れ物注意」の意味で、箱にFRAGILE と書かれていることもよくあります。

「ここだけの話だけど」とつけることで「他のアベンジャーズのメンバーには聞かせたくない内緒の話なんだけど」というニュアンスが出ます。実際には他のみんなにも聞こえるような声で言っているのですが、そのように表現することで「みんなの士気が崩れてしまう前に、その勝手な単独行動は慎んでほしいんだけど」と言ったことになります。

## Don't bother.

それには及ばない［他人に尋ねるまでもない］。

Nebula ネビュラ

0:12:48　p.066

### Don't bother (to do).「わざわざ～しなくてもいい」

bother は「わざわざ～する」という意味の動詞。主に否定文の形で使われます。
Don't bother to do. は「わざわざ～するには及びません。わざわざ～しなくてもいい」ということで、Don't bother to knock. なら「ノックは無用」という意味になります。

A : Should I come here again tomorrow?
また明日ここに来たほうがいいですか？

B : No, please don't bother.
いいえ、それには及びません。

## Phrase 18

### Even disassembled, I wanted to please him.

分解されていても、私は彼を喜ばせたかった。　　　Nebula ネビュラ

0:13:03 p.066

## assemble「アッセンブル」の対義語 disassemble

disassemble は「（機械などを）取り外す、分解する、ばらばらにする」という意味。機械の体を分解されたという意味でこの単語を使っています。

接頭辞 dis- は、動詞につけるとその動詞の「反対の動作」を表すことができます。今回のセリフの disassemble の dis- を取ると、対義語の assemble になります。assemble は「（機械などを）組み立てる」という意味ですが、それ以外に他動詞で「（人を）集める、集合・集結させる」という意味でも使われます。ずっと後の下巻に出てくるセリフでまたこの assemble「アッセンブル」という単語が登場しますので、それについてはその時、改めて詳しく解説します。

## Phrase 19

### That's cute. Thanos has a retirement plan.

そりゃ抜け目ないね。サノスには　　　　　James "Rhodey" Rhodes
（引退後の）隠居プランがあるんだな。　ジェームズ・"ローディ"・ローズ

0:13:19 p.066

## cute は「キュートでかわいい」だけじゃない

cute は日本語の「キュート」のように「かわいい」という意味で、男性には「魅力的な、かっこいい」という意味にもなりますが、アメリカ英語では「抜け目のない、利口な、気取った、きざな」という意味でも使われます。

知性や利口さが感じられるけれども、他人に対する敬意や正直さに欠けているという感覚で、ここでも「宇宙の生物の半分の命を奪っておいて、自分は引退後、のんびり農園で隠居生活を送るつもりとは」という、皮肉っぽいニュアンスが込められています。

🔄 **日常会話でこう使う**

## Don't get cute with me, young man!
私に対して気取ったまねをするな［生意気な口をきくな］、若造が！

---

| Phrase | **20** | No one's ever seen anything like it. Until two days ago... on this planet. |

そんなのは誰も見たことがなかった。
2日前の……この惑星（で見る）まではな。　　　　**Rocket ロケット**

0:13:30 p.070

## not ... until ～「～するまで…しない」→「～になって初めて…する」

No one's ever seen anything like it. は No one has ever seen... ということで、「そのようなものをこれまで誰も見たことがない」という経験を表す現在完了形。

そこでセリフが終わっていれば「地球がものすごいパワーサージの中心となり、それ以来、そのようなことは他の場所では起こっていない」ということになりますが、その後、付け足しのように Until two days ago... on this planet. と続けて、ある惑星のイメージを見せることで、「地球で起きたそれと似たようなものがこの星でも観測された・起こった」ということがわかるという流れです。

このような not ... until ～ の形は「～するまでは…しない」ということですが、「…しないと言っていたのは～までの話」ということにもなるので、「～になって（初めて）…する」という文脈でよく使われます。ここでロケットが伝えたい内容も「地球で起こった強大なパワーサージは、2日前にこの惑星でまた起きた」ということです。

> **It's not over until someone says, "I give up."**
> 誰かが「降参だ」というまでは終わりじゃない［誰かが「降参だ」と言えば終わる］。

## Phrase 21

# After that, the stones served no purpose... beyond temptation.

その後は、ストーンは何の役目も果たさない……
（人がそれを使いたいという）誘惑をもたらす他にはな。　　Thanos サノス

0:18:07 p.094

### beyond「～より他に、～以外に」

serve は動詞で「（目的・用途に）かなう」。よって serve no purpose は「何の目的にもかなわない、何の役にも立たない」。

temptation は「誘惑」。beyond は「～を越えて」ですが、否定文では「～より他に、～以外に」という意味でも使われます。このセリフの beyond temptation も「誘惑以外に」ということで、この beyond は except のような意味となります。

> **I can't tell you anything beyond the fact that he quit his job.**
> 彼が仕事をやめたって事実以外のことは何も話せないんだ。

the stones served no purpose... beyond temptation は「ストーンは、誘惑以外には何の役にも立たない」、つまり「使い終えたストーンができるのは、人を誘惑することだけだ」ということ。生命を半分に減らすという目的を達した後にもストーンを残しておくと、その力を使いたいという誘惑にかられてしまう人間が出てくる、だからストーンを残しておくことはできなかった、と言っているわけです。

## Phrase **22** It nearly killed me.

もう少しで私は死ぬところだった。　　　　　　Thanos サノス

0:18:32 p.094

### nearly＋過去形「もう少しで・危うく〜するところだった」

主語の it は「ストーンを使ってストーンを破壊したこと」を指しています。
nearly は副詞で「ほとんど、もう少しで」。〈nearly＋動詞の過去形〉で「も
う少しで・もうちょっとのところで・危うく〜するところだった」という意味
になります。単なる過去形であればその事実が起こったことを意味しますが、
nearly をつけることで「あとちょっとで起こるところだった」という「寸前」
感を出すことができ、実際には起こらなかったということも示せます。

🔄 日常会話でこう使う

**I nearly cried.**
ほとんど泣いちゃいそうだった。

## Phrase **23** We have to tear this place apart. He has to be lying!

この家を引き裂か [引き裂いてでも調べ]　　James "Rhodey" Rhodes
ないと。やつは嘘を言っているに違いない！　ジェームズ "ローディ" ローズ

0:18:47 p.094

### have to の2つの意味「〜しなければならない」「〜に違いない」

tear apart は「〜を引き裂く」。この場合は「必ずこの家のどこかにあるはず
だから、家を引き裂いてでもくまなく捜さなければ」ということ。

We have to と He has to のように連続して have/has to が使われています
が、それぞれ意味は違います。1文目は「〜しなければならない」で、2文目
は「〜に違いない」。
「have to ＝〜しなければならない」という意味で覚えている方は多いと思う
のですが、助動詞 must に「〜しなければならない」と「〜に違いない」の2
つの意味があるのと同様に、have to にも「〜に違いない」の意味があること

に注意しましょう。「〜に違いない」の意味の時には、上のセリフ has to be のように、後ろに be 動詞が続くことが多いです。

## My father is many things. A liar is not one of them.

私の父にはいろいろな面がある。
嘘つきはそのうちの一つではない。

Nebula ネビュラ

0:18:49 p.094

### 主語 is many things.「主語にはいろいろな面がある」

My father is many things. を直訳すると、「私の父はたくさんの"もの・こと"である」というところ。その後 A liar is not one of them.「嘘つきは many things の一つではない」と発言していることから、嘘つきはその中には入っていないけれど、嘘つき（a liar）のようなその人の性格や人となりを表すもののことを many things と表現していることがわかります。すなわち、「面、側面」のようなものを指すわけです。

映画『アイアンマン』で、（当時秘書だった）ペッパーの助けを借り、古いリアクターを新しいものに換装した後、トニーは古いほうを処分するように命じます [0:52:12]。

**ペッパー** : You don't want to keep it?
それを取っておきたくはないんですか？

**トニー** : Pepper, I've been called many things, and nostalgic is not one of them.
ペッパー、僕はいろいろな面があると言われてきたけど、ノスタルジックはその中の一つじゃない [その中には含まれていない]。

「トニー・スタークというのはこういう人だ」といろいろなことを言われてきたけど、ノスタルジックな人だとこれまで言われたことはない、と表現することで、僕は古いものに郷愁・ノスタルジーを感じるようなタイプじゃないんだよ、と言っていることになります。

## Phrase 25 I went for the head.
頭を狙ったんだ。
Thor ソー

0:19:15 p.096

### go for「〜を狙う」

go for ... は「…に向かって行く・進む」ということで、ここでは「…を狙う」という意味。前作『インフィニティ・ウォー』のワカンダでの戦いで、ソーがサノスの胸にストームブレイカーを突き刺した後、サノスは You should have gone for the head.「お前は頭を狙うべきだったのにな」とソーに言います [2:11:03]。その直後、ソーはサノスのガントレットにはすでに6つのストーンが揃っていたことに気づくのですが、時すでに遅く、ソーがサノスにとどめを刺す前に、サノスはスナップを発動してしまいました。

今回のこのシーンで、サノスが話している途中にソーはサノスの首を落としてしまい、仲間たちは驚きを隠せません。ですが、ソーが I went for the head. という表現を使ったことで、サノスが You should have gone for the head. と言っていた通り、サノスの首を取っていたら指をスナップすることは不可能だった、自分が止められたはずのスナップをみすみす許してしまったことをソーは猛烈に悔いていたことが想像できるわけです。

こうすべきだったのにな、と言われたから、今回はその通りにした、ということで、『インフィニティ・ウォー』でのセリフありきの、今回のセリフとなります。

## Phrase 26 I went in the ice in '45, right after I met the love of my life. Woke up 70 years later.
僕は1945年に氷に突っ込んだ、最愛の人に会った直後に。70年後に目覚めた。
Steve Rogers
スティーブ・ロジャース

0:21:31 p.104

### the love of my life「最愛の人」

サノスのスナップから5年後の世界でスティーブ・ロジャースは、生き残った人々のためのサポートグループに参加しています。

the love of one's life は「これまでで最も愛した人、最愛の人」という意味。スティーブが、1945年に飛行機と共に北極海に突入し、70年後に目覚めたという話は、キャプテン・アメリカのシリーズ第1作『キャプテン・アメリカ／ザ・ファースト・アベンジャー』で描かれています。

『アベンジャーズ』でも、サンドバッグにパンチしているスティーブの姿に過去のフラッシュバックがかぶり、医師の Oh, my God. This guy is still alive!「なんてことだ。こいつはまだ生きてるぞ！」という言葉と共に、氷漬けになったキャプテン・アメリカの姿が映し出されていました [0:21:02]。

なお、このサポートグループでの会話で「久しぶりにデートをした」と話す男性は、『エンドゲーム』の監督の一人であるジョー・ルッソです。また、その話を横で聞いていて、What about you? と言った男性は、マーベル・コミックスでのサノスの生みの親であるジム・スターリンです。

## Phrase 27 So, thanks for the hot tip.
最新の秘密情報ありがとな。　　　　　　　　　　Rocket ロケット

0:26:32 p.116

### tip「情報、内報」

tip には「情報、内々の情報、内報」という意味があり、hot tip だと「最新の秘密情報」ということ。キャロル・ダンヴァース（キャプテン・マーベル）が知らせてきたという highly-suspect warship「非常に怪しい戦艦」に乗り込んだら、別に怪しい船ではなく廃棄物運搬船だとわかった、という話で、ロケットは highly-suspect warship の部分を大きめにゆっくりと発音しています。

キャロル・ダンヴァースがそんな仰々しい表現で知らせてきたから偵察してやったのに、という気持ちが表れています。無駄骨に終わったわけなので、それを hot tip と表現したのは皮肉なのですが、キャロルがさらっと「あなたたちのほうが（私よりその船に）近かったから」と返すのも面白いです。

**Phrase**

# 28

## You gonna get another haircut?
またヘアカットするのか？　　　　　　　　　　　Rocket ロケット

## Listen, fur face.
聞きなさい、毛皮顔。　　　　　　　Carol Danvers キャロル・ダンヴァース

0:26:54　p.120

## 毛のネタで返す

来月ここで会えそうにない、というキャロルの話を聞いて、ロケットは「また
ヘアカットするのか？」と言っています。5年前のシーンの時と比べると、こ
こで画面に映っているキャロルは、髪が随分と短くなっていますので、「また
散髪？」というセリフは観客にも笑えるものとなっています。

「散髪する」は髪の毛を切ることなので、**cut one's hair** としてしまいたくなり
ますが、仮に **I cut my hair.** とすると「私が私の髪を切る／切った」という意
味になってしまいます。美容師さんに髪の毛を切ってもらう場合には、**have
one's hair cut** と表現しなければなりません。〈have＋目的語＋過去分詞〉の
形で、この **have** は使役動詞になります。「（目的語）を（過去分詞）される
という状態を持つ」という直訳感覚で理解してもよいでしょう。
have one's hair cut で「自分の髪がカットされるという状態を持つ」→「自
分の髪をカットしてもらう」ということで、**have** の代わりに **get** を使い **get
one's hair cut** と表現することもできます。
このように使役動詞を使う形がすっと出てこない場合には、もっとシンプル
に **have/get a haircut** と表現することもできます。**haircut** は文字通り「ヘ
アカット、散髪」を意味する名詞で、動詞は **have** または **get** を使うことで、
自分が散髪してもらうことを表現できるわけです。

ロケットはキャロルの髪型のことで彼女をからかったわけですが、今度はキャ
ロルがロケットのことを **fur face** と呼んでいます。**fur** は日本語でも「ファー」
というように「毛皮」のことで、アライグマの姿をしている彼のことを「顔が
毛皮で覆われてるやつ」と呼んだわけです。私の髪の毛をネタにしてからかっ
てるようだけど、あんたなんか顔じゅう毛で覆われてるくせに、のように同
じ毛のネタで返したということです。

# 29

## if you're about to tell me to look on the bright side...

もし私に「物事の明るい面［いいほう］を見ろ」って言おうとしてるなら……

Natasha Romanoff
ナターシャ・ロマノフ

0:28:54 p.126

### look on the bright side
### 「（悲観せずに）物事のいいほうを見よ」

look on the bright side は文字通り、「明るい側・面を見よ」ということで、「悲観せずに、物事の明るい面（いいほう）を見なさい」という意味。

 日常会話でこう使う

### Look on the bright side — at least you learned a lot from your mistakes.

物事のいいほうを見なさい。少なくともあなたは自分の間違いから多くのことを学んだのだから。

# 30

## Sorry. Force of habit.

ごめん。いつもの癖で。 Steve Rogers スティーブ・ロジャース

0:29:06 p.128

### force of habit 「習慣の力」→「いつもの癖」

force of habit を直訳すると「習慣・癖の力」ということから「惰性、いつもの癖」という意味になります。いつもそうしているから、何も考えずに無意識で、ついそうしてしまう、という感覚です。by/from force of habit だと「（いつもの）癖で・習慣で（～してしまう）」となります。

 日常会話でこう使う

### I turned on the TV from force of habit.

いつもの癖でテレビをつけてしまった。

## Phrase 31

# I used to have nothing. And then I got this. This job. This family.

かつての私には何もなかった。それからこれ
を手に入れた。この仕事を。この家族を。

Natasha Romanoff
ナターシャ・ロマノフ

0:29:45 p.128

## used to 「かつては〜だった」という過去の状態や行動を表す

used to は、「以前は・かつては〜だった」という過去の事実や状態を表した
り、「以前はよく〜したものだ・〜するのが常だった」という過去の習慣的行
動を表すことができます。今回のセリフ I used to have nothing. は、「以前は、
"私は何も（持ってい）ない"（I have nothing）という状態だった」というこ
と。その後、「これを手に入れた。この仕事を。この家族を」と言っているの
で、以前の私にはそのように大切に思える仕事や家族がなかったということで
す。

used to は、現在と比較して過去のことを述べる場合に使われ、used to を使
うことで「今はそうではない」ということを示唆します。

## Phrase 32

# I think we both need to get a life.

僕たち二人とも、人生を手に入れる
べきだと思うよ。

Steve Rogers
スティーブ・ロジャース

# You first.

あなたからお先にどうぞ。　Natasha Romanoff ナターシャ・ロマノフ

0:30:25 p.128

## You first. 「お先にどうぞ」

You first. は「（あなたから）お先にどうぞ」という意味。You go first. 「あな
たが最初に行って」の go が省略された形と考えればよいでしょう。
「お先にどうぞ」を意味する他の表現には、Go ahead. もあります。この映画
でも［2:45:27］に Go ahead. というセリフが出てきます。

# 33 We met a few years ago at the airport in Germany? I was the guy that got really big.

数年前にドイツの空港で俺たち会ったよね?
超巨大化してた男だよ。

Scott Lang
スコット・ラング

0:30:41 p.132

## 初対面について語る meet

meet は「(人)に会う」。自分のことを思い出してもらおうと、会った場所と、その時の自分の様子を語っているセリフです。

 日常会話でこう使う

### I don't think we've met. I'm James Adler.

初めまして、ですよね。私はジェームズ・アドラーです。

(I don't think we've met. は「あなたと私がこれまで会ったことがあるとは思わない」→「お会いしたことないですよね。初対面ですよね」)

I was the guy that got really big. の that は関係代名詞。自分が巨大化していたことを「すごく大きくなってた男」と表現しています。「アントマン(Ant-Man)」のように「アリ(蟻)(ant)」の名前のついたヒーローですが、ピム粒子によって小さくなるだけでなく大きくなることもできます。
ドイツの空港(ライプツィヒ・ハレ空港)で超巨大化した姿は、『シビル・ウォー』に出てきます。超巨大化したその姿は Giant-Man「ジャイアントマン」と呼ばれています。文字通りの giant man「巨大な男」であり、また giant Ant-Man「巨大なアントマン」ということでもありますが、ジャイアントのアント(ant)とアントマンのアントをかけたダジャレのようなネーミングが楽しいです。

## Phrase 34

# I had a mask on. You wouldn't recognize me.

俺はマスクをかぶってた。君らは俺のことを
わからないだろうけど。

Scott Lang
スコット・ラング

0:30:48 p.132

### recognize「認識する」

「マスクをつけている・かぶっている」は、「身につけている」を意味する動詞 wear を使って wear a mask と表現できますが、このスコットのセリフのように have a mask on と言うこともできます。「マスクを（顔に）オンした状態でいる」という感覚です。

recognize は他動詞で「認める、認知する、（知っているものだと）わかる、識別する」。あの時はアントマンのマスクをかぶっていたから、今の素顔の俺を見てもあの時のアントマンだとわからないだろうけど、と言っていることになります。

 日常会話でこう使う

# I didn't recognize you in those clothes.

そんな服着てるから、君だとわからなかったよ。

## Phrase 35

# Have either of you guys ever studied quantum physics?

君らのどちらかは量子物理学を学んだことある？

Scott Lang
スコット・ラング

0:31:08 p.132

### これまでの経験を尋ねる現在完了形

このセリフでは主語が either of you guys「君たちのうちのどちらかは」になっていますが、それをシンプルに you「君は」にすると、〈Have you ever＋過去分詞...?〉の形となります。これは、これまでの経験を尋ねる現在完了形になります。

## Hey, have you ever seen that movie?

ねえ、あの映画、見たことある？

quantum は物理量の最小単位「量子」。『アントマン』シリーズで、量子に関する話が多く出てきますが、「量子」という言葉が出てきたら、極微の世界について語っているとイメージしておけばよいでしょう。

1900年にマックス・プランクが「量子仮説」を発表し、それ以降、量子論という物理学の理論が発達します。古典力学（ニュートン力学）の常識が通用しない量子世界での力学は量子力学（quantum mechanics）と呼ばれ、アインシュタインの相対性理論と共に、現代物理学に革命をもたらしました。

## Phrase 36 — I'm sorry, that must have been a very long five years.

大変だったわね、
それはすごく長い5年だったに違いないわ。

Natasha Romanoff
ナターシャ・ロマノフ

0:31:40 p.134

### 「ごめんなさい」ではないアイム・ソーリー

「I'm sorry ＝ごめんなさい」と連想する日本人は多いですが、I'm sorry. は必ずしも謝罪を意味するわけではありません。このナターシャのセリフも謝罪ではなく、相手に対する同情や思いやりの気持ち（sympathy）を込めて慰めている表現になります。「大変だったね、同情するよ、残念だね」という気持ちを表現したい時に使えます。

日常会話でこう使う

## I'm sorry for your loss.

お悔み申し上げます。（葬儀の際の定番表現）

スコットが5年間も量子世界に閉じ込められていたのはナターシャのせいでは
ありませんから、この **I'm sorry** を機械的に「ごめんなさい」と訳してしまう
ことには誰もが違和感を覚えるでしょう。

**sorry** の基本的な意味は「気の毒に思って」。相手に関する残念な話を聞いて、
相手の気持ちを思って同情・共感しているということから、その件について
自分に責任がある場合には「ごめんなさい」という謝罪になるし、責任がない
場合には謝罪ではない、という点に注意しましょう。

## Chow time!
食事の時間だ!　　　　　　　　　　　　　　　Tony Stark トニー・スターク

0:33:10 p.140

### chow「食事、食べ物」

**chow** は名詞で「食事、食べ物」。発音は「チョウ」ではなく「チャウ」です。
**chow** には動詞の意味もあり、**chow** または **chow down** (on ...) で「(空腹な
様子で)(…を)がつがつ食べる・食う」という意味になります。

 日常会話でこう使う

## The guy was chowing down on a cheeseburger.
その男はチーズバーガーをがつがつ食っていた。

トニーは「パンパン、パパパン、パパパパン、チャウ・タイム!」のように、手
拍子を叩いて最後に **Chow time!** と言っています。このリズムの元になった
曲は、ルーターズ(**The Routers**)というバンドの「レッツ・ゴー」(**Let's
Go**)。このリズムは日本でも、学校の運動会で応援団が使ったりします。「パ
ンパン、パパパン、パパパパン、レッツゴー!」と言うので、一般的には「レッ
ツゴー拍子」と呼ばれているものです。

**Phrase 38** Define "lunch" or be disintegrated.

「ランチ」の内容を言え、さもないと
分解されちゃうぞ。

Morgan Stark
モーガン・スターク

0:33:21 p.140

## disintegrate「分解する［される］」

define は動詞で「定義する、〜の意味を明確にする、内容を明らかにする」。ここでは「ランチと言ったその内容を具体的に言って。ランチのメニューは何か教えて」という意味です。名詞形は definition「定義」になります。

disintegrate は動詞で「分解する、崩壊する」。disintegrate into ... なら「くずれて…になる」。『インフィニティ・ウォー』のラストで、サノスのスナップにより、宇宙の生命の半数の体が崩れて塵と化してしまいましたが、それはこの動詞を使って disintegrate into dust と表現することができます。

**Phrase 39** It's fine, actually. Mom never wears anything I buy her.

それでいいさ、実際のところはね。ママは僕が
買ってあげたものは何も身につけないんだ。

Tony Stark
トニー・スターク

0:33:53 p.142

## wear「服を着ている、ヘルメットをかぶっている」

これより前のシーンでモーガンがテントから出てきた時、彼女はアイアンマンの青いバージョンのヘルメットをかぶっていました。それを見て驚いた様子のトニーは以下のセリフを言ってヘルメットにキスしてから、モーガンの頭からヘルメットを外します [0:33:25]。

トニー　　　: You should not be wearing that, okay? That is part of a special anniversary gift I'm making for Mom.
そんなのをかぶってちゃだめだ、いいか？ それは僕がママのために作ってる特別な記念日の贈り物の一部なんだよ。

wear は「ウェア」と日本語になっているように名詞では「衣服」という意味があり、動詞では「（服を）着ている」という意味になりますが、服以外のものも「身につけている」という意味で使われます。今回のようなヘルメット

も「顔に装着している」ので wear を使うことができます。

Mom never wears anything I buy her. の wears という「現在形」は、普段からのママ（ペッパー）の行動を語っていることになります。否定語の never と anything で、nothing「何も〜しない」を意味するので、「ママは（普段から、いつも）僕が買ってあげたものを身につけない」ということ。
モーガンに説明したように、このヘルメットは「ママのために作ってる特別な記念日の贈り物の一部」で、それをモーガンが見つけておもちゃにしてしまっていたということです。

## Phrase 40 Tony, after everything you've seen, is anything really impossible?

トニー、君がこれまで見てきたあらゆることをかんがみて、本当に不可能なことなど何かあるのか？　　Steve Rogers　スティーブ・ロジャース

0:34:20 p.144

### after「〜の後（なので）」→「〜したのだから」

after は前置詞で「〜の後に、〜の後で」。ですから after everything you've seen を直訳すると「君がこれまで見てきたすべてのことの後に」となりますが、この after は理由や因果関係を表していて、「〜の後なので」→「〜したのだから、〜をかんがみて」という意味で使われます。
「その後で」という時間の前後の話をしているだけではなく、「そのような経験を経てきた後だから」今の君ならこんな風に考えるんじゃないのか？ という流れです。これまでにも不可能と思えることをたくさん見てきた君なんだから、今回の話もすぐに可能性がゼロだと決めつけたりしないだろう？ ということです。

 日常会話でこう使う

## After what he's accomplished, he deserves a special reward.
彼が成し遂げたことを考えれば、特別な報酬をもらうべきだよ。

## Quantum fluctuation messes with the Planck scale, which then triggers the Deutsch Proposition. Can we agree on that?

量子ゆらぎがプランクスケールに干渉し、それがド
イッチュの定理を引き起こすんだ。その点でお互い
の意見は一致してるか？

Tony Stark
トニー・スターク

0:34:22 p.144

## 量子力学の用語てんこ盛りで煙に巻く

和訳を見ればわかる通り、量子力学の専門用語がたくさん盛り込まれています
が、それについては後述します。

スティーブのセリフがまだ終わらないうちにトニーはセリフをかぶせてきて、
量子力学の用語満載で説明した後、「その点でお互いの意見は一致してるか？」
と続けます。「今までだって、君は不可能と思われることを見てきただろ」の
ようにスティーブが言ったので、トニーのほうは「今回の話がどんなに難しく
て不可能なことか君にはわからないだろう」と言いたげに、専門用語だらけの
言葉で圧倒した感じです。

そういうトニーの考えを察したスティーブはさすがにイラッとしたようで、左
眉をピクッと上げ、**Can we agree on that?** という質問に対しては **Yes/No** の
返事をしません。ですがそれでも、飲み物を渡してくれたトニーには **Thank
you.** と丁寧にお礼を言うのが真面目なスティーブらしいところです。

**fluctuation** は名詞「変動、ゆらぎ」。**quantum fluctuation** は、ハイゼンベ
ルクの不確定性原理で説明される「量子ゆらぎ」という量子力学の用語。
**mess with** は「〜に干渉する、〜を邪魔する」。
**Planck scale**「プランクスケール」とはプランク単位系で示される量のことで、
プランク単位系はドイツの物理学者マックス・プランクによって提唱されま
した。1900年に「量子仮説」を発表した彼は「量子論の父」と呼ばれ、ノー
ベル物理学賞も受賞しています。
**proposition** は「命題、定理」なので、**Deutsch Proposition** は「ドイッチュ
の定理」。**Deutsch** はイギリスの物理学者デイヴィッド・ドイッチュ（**David
Deutsch**）のこと。1985年に量子コンピュータの原理を発表し、その基礎理
論を構築した人物です。

量子力学の用語については、「トニーが何やら専門的で難しいことを言ってるな」ということがわかればそれで十分でしょう。実際、この場にいる人の中でもその内容がわかるのは、トニーとスコットしかいないだろうと思われます。

**trigger** は名詞で「（銃の）引き金、トリガー、きっかけ、誘因」。他動詞で「（事件などの）きっかけとなる、誘発する、呼び起こす」という意味になります。

 日常会話でこう使う

## Her remark triggered friction between us.
彼女の発言が、僕たちの間に摩擦を引き起こしたんだ。

**Phrase 42**

## In layman's terms, it means you're not coming home.

（わかりやすい）素人（しろうと）の言葉で言うと、
それは元の世界に戻ってこないことを意味する。

Tony Stark
トニー・スターク

0:34:28 p.144

### in layman's terms「素人にもわかりやすい言葉で言うと」

**layman** は「素人、門外漢、専門家ではない人」。対義語は **expert**「専門家」となります。**term** という名詞は「期間、学期、（複数形で）条件」などの意味がありますが、ここでの意味は「用語、言葉、表現」。つまり、**in layman's terms** は「素人の言葉で」ということ。

「（普通の人にはわからない）専門用語」のことを英語では **jargon** と言うのですが、トニーがそういう **jargon** だけを使って説明した後で、「素人にもわかりやすい言葉で平たく言うと」と言ったのが、この **in layman's terms** というフレーズになります。自分でこう言っていることからも、直前のセリフが専門用語だらけだったのは、「素人の君らにわからないような言葉をあえて使った」意図的なものだったとわかります。

## Could you explain that concept in layman's terms?

その概念をわかりやすい言葉で説明していただけますか？

**Phrase 43** **Yeah, a time heist. Of course.**
そう、タイム泥棒。そうそう、そうだよな。　　Tony Stark トニー・スターク

0:34:43 p.144

### Of course. 思い出したり、思い当たったりした時に使う「そうそう、そうだ」

Of course. は「もちろん」という訳語で広く知られていますが、このセリフの場合は、以前に聞いていた事柄などを思い出したり、何かに思い当たったりした時に使うもので、「ああそうだ。そうそう」と訳すとしっくりくるでしょう。

time heist の heist はアメリカの俗語で「強盗」。発音は「ハイスト」。「窃盗犯たちが組織立って、店などから高価な品を盗む」というイメージの言葉で、a jewelry heist なら「宝石泥棒」。他のMCU作品でも、以下のシーンで登場していました。

『アントマン』で、アントマンに対して銃を向けるダレン・クロスと、小さな姿のアントマンとの会話 [1:31:14]。

**ダレン**　　: Did you think you could stop the future with a heist?
　　　　　　盗みで未来を止められると思ってたのか？

**スコット**　: It was never just a heist!
　　　　　　ただの盗みだけじゃなかったんだよ！

　　　　　　[直後に、スコットが仕掛けた時限爆弾でダレンのビルが爆発]

**Phrase**

# 44

## I sometimes miss that giddy optimism.

そのめまいを起こさせるような楽観主義を、
僕は時々懐かしく思うよ。

Tony Stark トニー・スターク

0:35:00 p.146

## スティーブの楽観主義

optimism は「楽観主義、楽観論」。対義語は pessimism で「悲観主義、悲観論」。optimistic は形容詞で「楽観的な」、optimist は「楽観主義者、楽天家」。giddy は形容詞で、feel giddy は「めまいがする、目がくらむ」。よく似た形の feel dizzy も「めまいがする」という意味になります。

また、〈giddy＋名詞〉のように名詞の前につけると、「めまいを起こさせるような（名詞）」という意味になります（このように、名詞の前に置く用法は「形容詞の限定用法」と呼ばれます）。今回のセリフも「めまいを起こさせるような・頭がくらくらするような君のその楽観主義」ということ。トニーが「失敗してさらに状況を悪化させるかもしれない」と言うと、「そんなことはないと信じている」とスティーブが言ったので、「僕らは必ず成功する」と常に前向きな発言をすることを「くらくらするほどの楽観主義」と表現したわけです。

miss は「〜がなくて寂しく思う・懐かしく思う」。サノスのスナップ後、アベンジャーズからは距離を置いていたトニーですが、久しぶりにスティーブのその前向き発言を聞いた時のトニーの本音は「君は5年経っても相変わらずだな」という気持ちだったでしょう。「懐かしいね」と言いながらも「めまいがするほどの楽観主義」という表現に、トニーのいらいらが表れています。

# However, high hopes won't help if there's no logical, tangible way for me to safely execute said time heist. I believe the most likely outcome will be our collective demise.

しかしながら、高い望みは役に立たない。もし前述のタイム泥棒を僕が安全に遂行できるような論理的で確実な方法がないのならね。もっともあり得る結果は、我々の全滅だと思うよ。

Tony Stark
トニー・スターク

0:35:03 p.146

## 教養を感じさせる堅い単語を多用することで相手を論破しようとする

however は「しかしながら」。but よりも意味は弱いですが、but よりも形式的で、フォーマルな書き言葉としても多用される単語です。ここでいきなり However, で言葉が始まっていることから、それまでとは言葉の雰囲気が変わっていくことが察せられます。

tangible は形容詞で「（想像ではなく）実体のある、（結果・証拠などが）確実な、明白な」。「触れて感知することができる」というのが原義で、tangible assets だと有形資産。「有形で実体がある」ということから「確実な」という意味にもなり、tangible proof/evidence だと「確実な証拠」。tangible は教養の高い人が好んで使う単語でもあります。

execute は他動詞で「（計画などを）実行する、遂行する」。また execute には「（人を）（〜のかど・罪で）処刑する」という意味もあり、execute someone for murder なら「（人）を殺人のかどで処刑する」となります。

said は形容詞で「前述の、上述の」。say「言う」の過去分詞で、「言われた」ということですが、〈the said＋名詞〉のように、通例 the を伴い、名詞の前につけて使われます（形容詞の限定用法）。

the said person だと「当該人物、当該者、同人、本人」という意味になり、法律関係で使われる堅い表現となります。The said person committed two offenses against the law in the past. なら「当該人物は過去に二度、法律違反を犯しました」という意味。トニーのセリフ said time heist は、the said time heist「前述のタイム泥棒」の the のない形となります。

outcome は名詞で「（物事の最終的な）結果」。

collective は形容詞で「集合的な、全体の、共同の」。動詞 collect なら「集める、収集する」で、名詞 collection なら「集めること、収集、コレクション（収集物）」。collective responsibility なら「共同責任」。

demise は「逝去、（王の）崩御」を意味するフォーマルな言葉で、death「死、死亡」の婉曲語です。また「（存在の）消滅、終焉」という意味もあります。発音は「ディマイズ」。

「我々全員が死んでしまう可能性が高い」ということを、the most likely outcome will be our collective demise.「もっともあり得る結果は、我々の全滅だ」のように collective demise というフォーマルな言葉で表現しているということです。

however、tangible、execute、said、demise などの、フォーマルで堅い単語を多く盛り込むことで、相手が示してきたアイディアの浅薄さを指摘し、思いつきで提案してるんじゃないのか？ という非難の気持ちを込めているのでしょう。

## **46 You had me worried there.**
さっきはどうなるかと心配させられたよ。　Tony Stark トニー・スターク

0:35:33 p.146

## have someone worried「人を心配させる」

フィクションである映画を参考にこの計画を進める気か？ とトニーにキツく言われ、スコットはそれを否定せざるを得ません。

have someone worried は「（主語が）（人）を心配させる、（人）に気をもませる」。

主語が、相手を心配で不安になるような状態にさせる、ということで、この have は使役動詞となります。

主語が you なら、「どうなることかと君（の言動）には心配させられたよ」と訳した方が自然になるでしょう。

there は「その場所、さっきのところ」のようなイメージで、スコットが『バック・トゥ・ザ・フューチャー』の話をしていた時を指します。

そんな話を持ち出すから、こちらは心配でならなかった、ということです。

## You had me worried there for a while.
一時はどうなることかと、君には心配させられたよ。（for a while は「しばらく、少しの間」という意味で、このように for a while のついた形もよく使われる）

---

**Phrase 47**

## I know you got a lot on the line. You got a wife, a daughter.

危険にさらされる可能性のあるものがあんたにはたくさん
あるってことはわかる。奥さんがいて、娘さんがいる。

Scott Lang
スコット・ラング

0:35:46 p.148

### on the line「危険にさらされて」

on the line は「危険にさらされて（いる）」。自分の命または仕事などの、自分にとって大切なものがあり、それを失うかもしれないリスクがある場合に使われる表現。put oneself on the line for だと「〜のために自分の身を危険にさらす」となります。

## My job is on the line in this depression.
この不景気で、私の仕事はピンチだ。

## He put himself on the line for me in the past.
彼は過去に、私のために自分の身を危険にさらしたの。

## Phrase 48

# I got my second chance right here, Cap. Can't roll the dice on it.

僕は今ここで2度目のチャンスを掴んだんだよ、キャップ。　**Tony Stark**
そのことでさいころを振るような賭けはできない。　**トニー・スターク**

0:36:27 p.148

## roll the dice「さいころを転がす」→「賭けをする」

dice は「さいころ」で、roll the dice は「さいころを転がす」。日本語でも「ダイス」と表現することがありますが、dice はさいころの複数形で、1個のさいころは厳密には a die となります。ただ現在では a dice で「1個のさいころ」を表現することもあります。

さいころはギャンブルや博打に使うものなので、そこから「賭けをする、博打をする」という意味で使われます。ギャンブルでさいころを転がす場合、通常2個を転がして出た2つの目で判断しますので、roll the dice と言う時の the dice は2個のさいころをイメージしています。賭けに勝って、失ったものを取り戻せるかもしれない、でも負ければ今持っている大切なもの（家族）を失ってしまうかもしれない、そんな危険を冒すわけにはいかない、ということです。

## Phrase 49

# If you don't talk shop, you can stay for lunch.

仕事の話をしないなら、
ランチを食べてってくれていい。　**Tony Stark トニー・スターク**

0:36:33 p.148

## talk shop「仕事の話をする」

shop は「ショップ、店」ですが、そこから「（専門の）仕事の話」という意味になります。talk shop は「他人が退屈だと感じるような、自分の商売・専門の仕事の話（ばかり）をする」というニュアンスで、talk は動詞となります。また shop talk という表現もあり、こちらは「他人が退屈に思うような、自分の専門の仕事の話」という名詞。「ショップ・トーク」という言葉から「店員さんのサービス・トーク」のような意味だと勘違いしないようにしましょう。

**Stop talking shop! That's so boring.**
（興味のない）商売の話はやめろ！ すっごく退屈だ。

先ほど説明したように「他人が退屈だと思うような」というところがポイントで、トニーが talk shop という言葉を使ったことで、「タイム泥棒の話は、自分には全く興味がない、つまらない」と言っていることになります。「そんな話をされたらメシがまずくなる」というようなニュアンスがあると考えればいいでしょう。

## Phrase 50

**We're gonna need a really big brain.**
本当に大きな脳［頭脳］が必要になるな。 Steve Rogers スティーブ・ロジャース

**Bigger than his?**
トニーよりも大きな（脳）？　　　　　　　Scott Lang スコット・ラング

0:36:51 p.150

### 「偉大な頭脳」そして「物理的に大きい脳」

brain は体の部位としての「脳」、そして、知力・知性をつかさどる「頭脳、知能」の意味もあります。「頭脳」という意味から「頭のいい人、優秀な人」という意味にもなります。

トニーが天才（genius）であることは自他ともに認めるところで、そのトニーに拒絶された後、「本当に大きな頭脳が必要だ」とスティーブが言ったため、「トニーより優秀な頭脳？ 彼より優れた天才だって？ そんな人どこにいるの？」のように、スコットは驚いた顔で言っています。

そして画面が切り替わると、手前に巨大な体の人物、その彼をじーっと見つめているスコット、スティーブ、ナターシャの姿が映ります。

すぐにそれがブルース・バナーだということがわかるのですが、「より大きな頭脳？」というスコットのセリフの直後に、ブルースのでっかい頭がどーんと画面に映るというカットにつなげているのが笑いを誘います。ブルースは研究者でもあり、彼ももちろん頭がいいわけですが、彼の巨大な頭を後ろから映

したそのカットを見た時に、「いや、大きい脳って、物理的な大きさの話じゃなくて！」とツッコミたくなるような演出が楽しいです。

## For years, I've been treating the Hulk like he's some kind of disease, something to get rid of.

何年もの間、まるでハルクというのはある種の病気で、取り除くべきものであるかのように、僕はハルクを扱ってきた。

Bruce Banner
ブルース・バナー

0:37:30 p.156

### get rid of「〜を取り除く」

for years は「何年もの間、何年間も」。I've been treating という現在完了進行形との組み合わせで、「長い間ずっと〜し続けていた」という継続の意味を表しています。

get rid of は「〜を取り除く、除去する、排除する」。
rid という単語は他動詞で、この rid だけで「（望ましくないものを）取り除く、除去する」という意味で使うことができるのですが、この単語はもっぱら get rid of の形で使われることが多いです。
get rid of の rid は、他動詞 rid の過去分詞形に当たり、get rid of を直訳すると「〜が取り除かれた状態にする」という意味になりますが、過去分詞形が形容詞的に使われていると考えてもよいでしょう。

　日常会話でこう使う

## You should get rid of all those old books.
その古い本全部、処分したほうがいいよ。

some kind of disease, something to get rid of は同格で、先に「ある種の病気」と言った後、「取り除くべきもの」と言い方を変えて表現したことになります。
この言い回しから、長年、ブルースにとってハルクという存在が「望ましくないもの」であったことがわかります。

## 52 I put the brains and the brawn together.

僕は頭脳［知力］と筋肉［筋力］とを
融合したんだ。

Bruce Banner ブルース・バナー

0:37:40 p.156

### brains and brawn「知力と筋力」

put A and B together は「AとBとを合わせる、合体・融合する」。brawn は
「（たくましい）筋肉、（知力に対する）腕力・筋力」。発音は「ブラウン」で
はなく「ブローン」になることに注意しましょう。

 日常会話でこう使う

#### The job requires brains, not brawn.
その仕事は筋力ではなく、知力を必要とする。

「脳、頭脳」を意味する brain とよく似た綴りで、意味も「知力と筋力」のよ
うに対照的ですから、ブルースのセリフやこの例文のように、この2単語はセッ
トでよく使われます。ただし、「筋力、腕力」の brawn は不可算名詞で、もう
一方の brain は「頭脳、知力」の意味ではもっぱら複数形で使われるので、
セットになった場合でも brains and brawn のように単複の違いがあることに
注意しましょう。

## 53 And now, look at me. Best of both worlds.

そして今、僕（のこの姿）を見てくれ。
両方のいいとこ取りだ。

Bruce Banner ブルース・バナー

0:37:43 p.156

### best of both worlds「両方のいいとこ取り」

ブルース・バナー博士の頭脳と、超人ハルクの筋力・腕力を融合したことを
説明した後、ブルースは誇らしげに両手を広げています。look at me は「僕
を見て」ということですが、「今の僕のこの姿を見て。どうだい、僕のこの姿、

素晴らしいだろ」というニュアンス。

best of both worlds は「両方の世界のベスト」ということから「両方のいいとこ取り」という意味になります。全く違った二つのものの利点を同時に持つ、という感覚。

 日常会話でこう使う

**He works in an office in Manhattan on weekdays and spends his leisure time in the suburbs on weekends. I mean, he gets the best of both worlds.**
彼は平日はマンハッタンのオフィスで働き、週末は郊外で余暇を過ごすんだ。それって、いいとこ取りしてるよね。

## Phrase 54 Say "green."
はい（言って）、「グリーン」。
Bruce Banner ブルース・バナー

0:37:57 p.156

### Say cheese.「はい、チーズ」のもじり

Say cheese. は写真を撮る時の決まり文句で、日本語で言うところの「はい、チーズ」。直訳すると「"チーズ"って言って」ということで、その後、それぞれが口々に「チーズ」と言うことになりますが、なぜチーズかと言うと、「チーズ」と発音すれば口が横に広がり笑顔になるから。

 日常会話でこう使う

**Hey, guys, let's take a picture. Say cheese!**
ねえ、みんな、写真撮ろうよ。はい、チーズ！

そして、ブルースが言った Say "green." は、その写真撮影時の決まり文句

Say cheese. をもじったもの。実際、Say cheese. の後に続いて各自が Cheese. と言うように、Say "green." の場合もそれぞれが続けて Green. と言っているので、その類似性からもじりであることはわかりやすいでしょう。ハルクのイメージはその肌の色から「緑」で、今作『エンドゲーム』でも、ロケットがブルースのことを Big Green と呼んでいます [0:48:13]。彼のイメージカラーであるグリーンを使った、写真を撮る時の決め台詞ということで、すぐに写真撮影に応じ、こんなフレーズまでさらっと言えるところからも、彼がこんな風にファンとの写真を撮るのに慣れていることがわかります。

cheese と green は、真ん中の ee「イー」の音が同じで、さきほどの cheese と同じく green も「イー」の音で笑顔を作ることができるので、ハルクと一緒に写真を撮る時の決め台詞としては最適だと言えます。マーベルファンの人たちと一緒に写真を撮る時は、ぜひとも Say "green." と言ってみましょう。なお、ハルクに写真をお願いする女の子を演じているのは、ジョー・ルッソ監督の娘リア・ルッソです。

## Phrase 55 Stranger danger.
知らない人には気をつけろ、だし。　　　　　　　　　Boy 男の子

0:38:15 p.158

### stranger danger 「知らない人には気をつけよう」という標語

スコットは子供たちに「アントマンとも写真撮る？」と言うのですが、アントマンを知らない子供との間に気まずい空気が流れます。それでスコットは「俺のこと知らないみたいだからいい」と言って話を終えようとするのですが、ブルースが気を利かせたつもりで「彼が撮りたがってるし、一緒に撮れば？」と言い出し、スコットのみじめな気持ちがさらに加速してしまう、というシーン。その中で、3人組の子供たちの真ん中の男の子が言ったセリフがこれ。音声は聞き取りにくいですが、字幕にはきっちり出ていますし、覚えておきたいフレーズです。

stranger danger を直訳すると「見知らぬ人の危険」。つまり「よく知らない人は危険だから、その人について行ってはいけない」というような、子供に対する危険を喚起する言葉。子供への自らの身の安全を守るように指導する教育の中で、スローガンのように使われています。-anger の部分が韻を踏んでいるために、言いやすく覚えやすい標語として使われているわけです。

その少年が Stranger danger. と言うのを聞いて、スコットはその子を指さし

ながら、ブルースに **Yeah, look, he's even saying no, he doesn't.**「あぁ、ねぇ、あの子は嫌だとまで言ってる、彼は写真を撮りたがってないよ」と言います。**Stranger danger.** という言葉が、「こんな知らない人と写真は撮りたくない」という意味になることが、このスコットのセリフからもわかります。

## Hulk out!
ハルク・アウト！　　　　　　　**Bruce Banner & Kids** ブルース・バナーと子供たち

0:38:33　p.160

### hulk out「ハルク化する、ハルクのように激怒する」という意味の、ハルクの名前の入った句動詞

マーベルのヒーローの一人であるハルクですが、彼のキャラクターが有名であることから、ハルクの名前を動詞として使った hulk out という表現があります。「変身してハルクになる、ハルクの姿が現れる」のような「ハルク化する」という感覚ですが、「ハルクのように我を忘れるほど激怒する、手がつけられないほど怒り狂う」という意味で使われます。

 日常会話でこう使う

> **Billy made fun of Robert. And then, Robert hulked out on him.**
> ビリーがロバートをばかにしたんだ。そしたらロバートがビリーに対してハルク化［激怒］したんだよ。

科学者であるブルース・バナー博士が怒りを抑えられずにハルクになってしまった後、自分を制御できずに暴れ回る様子から来た言葉で、「ハルク化しちゃった」と表現してもニュアンスはわかりやすいでしょう。今回の場合はファンの子供たちと交わした言葉なので、「ムキムキのハルクになる」という感じでポーズを取ったことになるでしょうが、一般的には「怒り」を表現した言葉として使われるということです。

# 57

## Listen to your mom. She knows better.

ママの言うことをよく聞けよ。
ママは分別があるんだからな。

Bruce Banner ブルース・バナー

0:38:38 p.160

## know better 「分別がある、わきまえている」

know better を直訳すると「よりよく知っている」ということで「分別がある、わきまえている」。「ばかなことや失敗をしないほど、十分に賢く経験がある」というニュアンス。be old enough to know better なら「分別のある行動ができる年齢である」。know better than to do だと「～しないくらいの分別はある」。

 日常会話でこう使う

### I know better than to abandon my job.
私は自分の仕事を投げ出すほどのばかじゃない。

# 58

## So, I'd like to run one last sim before we pack it in for the night.

だから、今晩の仕事を終わりにする前に、
（今日）最後のシミュレーションを実行したい。

Tony Stark
トニー・スターク

0:39:36 p.164

## pack it in 「(仕事などを) 終わりにする」

sim は simulation「シミュレーション」の略。run a simulation は「シミュレーションを（実行）する」。

pack it in は「(仕事などを) 終わりにする、やめる」という意味。また、命令形の Pack it in! は、「やめなさい！」という意味で、イギリスでよく使われます。母親が子供に対してよく使う表現です。

## Phrase 59

# And don't worry if it doesn't pan out.

それに、それがうまくいかなくても
心配するなよ。

Tony Stark トニー・スターク

0:39:57 p.166

## pan out「成功する、うまくいく」

pan out は「成功する、（物事が）うまくいく」。pan は「フライパン」など
のパン（平なべ）のことで、砂利から砂金をより分けるなべやふるいも指しま
す。そこから pan out は「なべをゆすって砂金を取り出す」という意味にな
り、「金が出る」→「成功する、うまくいく」という意味として使われるよう
になりました。

日常会話でこう使う

## None of our plans have panned out.

僕たちの計画は何一つうまくいかなかった。

## Phrase 60

# What are you doing up, little miss?

起きて［寝ないで］何してるんだ、お嬢ちゃん？　Tony Stark トニー・スターク

0:40:21 p.166

## What are you doing up?「起きて［寝ないで］何してるんだ？」

up は「起きて」、be up の形では「起きている」という意味になります。この
シーンの少し後では be up の形で出てきます。

［0:40:28］

モーガン　　: Why are you up?
　　　　　　　どうしてパパは起きてるの？

トニーの What are you doing up? は What are you doing being up? という
こと。What are you doing ...ing? は「…して［…したりして］何やってる
の？」という意味になります。

## What are you doing sitting on the bench alone?
一人でベンチに座って、何やってるの？

シンプルな形の **What are you doing?** を直訳すると「（今）あなたは何をやっているのですか？」となりますが、ちょっとびっくりした、またはあきれた感じで言うと「あなた、（こんなところで一体）何やってるの？」という「意外、驚き」のニュアンスが出ます。今回のトニーのセリフも、もうとっくにベッドで眠っていると思っていた娘モーガンが階段のところに座っているのを見て、「まだ寝ないで、そんなところで一体何やってるんだ？」という驚きから発した言葉となります。

## Phrase 61 Great minds think alike.
賢人の考えることは同じだな。　　　　　　Tony Stark トニー・スターク

0:40:44 p.168

### Great minds think alike.
### お互いの考えが一致した時のユーモラスな表現

mind は「心、精神」ですが、「知性、知力」という意味もあります。また「〜な知性の持ち主」という意味にもなることから、**a great mind** は「偉大な知性の持ち主」→「偉人、賢人」を意味します。**a brilliant mind** だと「天才」の別表現になります。

トニーが言った Great minds think alike. は元々、諺で、「賢人は同じように考える（ものだ）」という意味の言葉。相手と自分が同じ考えだと言いたい時にこの言葉を使うと、相手と自分が共に「賢人」であるということになり、自分のことを「賢人」だと言っていることにもなるため、考えが同じであることを自画自賛風にユーモラスに言った表現となります。「やっぱり、賢い人って考え方が似ちゃうんだよなぁ」的なニュアンスになるということです。

## Phrase 62　Juice pops exactly was on... my mind.

アイス［ジュース・ポップス］だよ、まさに……
僕の頭に浮かんでたのは。

Tony Stark
トニー・スターク

0:40:45 p.168

### exactly「まさに、まさしく」

これより少し前にトニーとモーガンの以下の会話がありました［0:40:34］。

トニー　　　: I got something on my mind.
　　　　　　頭にある考えが浮かんでるんだ。

モーガン　　: Was it juice pops?
　　　　　　それ［パパが考えてたの］って、アイス［ジュース・ポップ
　　　　　　ス］（のこと）だった？

Juice pops exactly was on... my mind. の exactly は「まさに、まさしく」という意味。トニーは exactly を強調するように強く発音し、スティーブたちが提案したタイム泥棒計画のためのホログラムを見ながら「僕の頭に浮かんでいたのはまさしく juice pops だった」と言っています。

exactly は in every way「あらゆる点で」、in every detail「あらゆる細部に渡って（細部まで、隅々まで）」という意味で、exactly the same なら「全く同じ、寸分違わず」と、同じであることを強調することになります。precisely も exactly と同じ意味の副詞です。

サノスのスナップから23日後のアベンジャーズ本部での会話でも、exactly が使われていました［0:09:47］。

ナターシャ　: ...it looks like he did... He did exactly what he said he was gonna do.
　　　　　　どうやらあいつは……自分がやると言っていたことをその通り実行したようなの。

## That's exactly what I wanted to say!
それはまさに私が言いたかったことよ！

## That's exactly what I was going to say!
それはまさに僕が言おうとしていたことだ！

（「まさにそれ」と相手の発言に同調した時に使う表現）

数字の前に使うと「ちょうど、ぴったり、きっかり」という意味になります。

## Meet me again at exactly six.
6時ちょうどにまた会おう。

また、Exactly. は、誰かの発言に対する返答として「その通り」という意味でもよく使われます。これより後のアベンジャーズ本部での会話で、ブルースが説明したことに対して、ネビュラが Exactly.「その通り」と返すシーンもあります [0:59:36]。Precisely. でも同じ意味になります。

juice pops は fruit juice pops ともいい、フルーツ果汁のアイスキャンディーのこと。アイスキャンディーは和製英語です。「棒付きアイスキャンディー、アイスバー」は英語では一般的に ice pops と呼ばれ、特にアメリカではアイスキャンディーのことを Popsicle「ポプシクル」という商品名で呼ぶことが多いです。Popsicle は商標名となるため、単語の頭を大文字で書くのが正しい表記となります。

そして Popsicle から連想されるのが『アベンジャーズ』でのセリフ。新しい言葉を知らないスティーブに対し、トニーが以下のジョークでからかいます [0:43:17]。

トニー 　　 : You might have missed a couple of things, you know, doing time as a Capsicle.
　　　　　　 いくつかのことを見逃がしたのかもしれないな……ほら、君は

キャプシクル（キャップ［キャプテン］・アイスバー）として
服役してたから。

この **Capsicle** というのは、**Captain**「キャプテン」＋**Popsicle**「アイスキャンディー、アイスバー」を意味するトニーの造語。
**do time** は「服役する」。70年間氷漬けになっていたことを、氷に閉じ込められて外に出られないという意味も込めて、「キャプテン・アイスバーとして服役していた」と表現した、いかにもトニーらしいセリフでした。

## Phrase 63　You done? Yeah? Now you are.
食べ終わった？　そう？　さあこれで終わりだ。　**Tony Stark** トニー・スターク

0:40:52 p.168

### You done? Now you are. 省略されている語を補って考える

モーガンの寝室で、トニーは手にアイスの棒を持っており、わずかに残ったアイスをモーガンに示しながら、**You done?** と尋ねています。
**You done?** は **Are you done?** または **You are done?** の be 動詞 **are** が省略された形で「終わった？　もう終わり？」という意味。
モーガンがうなずくと、さらに **Yeah?**「そう？」のようにダメ押しをした後、トニーはその最後の一口をパクっと食べて、それから **Now you are.** と言っています。

この **now** は「これで今はもう、やっと」というニュアンスで、**are** の後には **done** が省略されているので、**Now you are done.**「（残りをパパが食べてあげたから）これで今はもう（今度こそ本当に）モーガンは食べ終わった」と言っていることになると考えられます。
父親と幼い娘が一緒にアイスを食べていた場合、父親のほうが先に食べ終わるのが普通で、残っていたこのアイスがトニーのものだと考えるのは不自然でしょう。もしトニーが今、自分の分を食べ終わったのだとしたら、**Now I'm done.**「これで僕も食べ終わった」か **Now we are done.**「これで二人とも食べ終わった」かのどちらかになります。今トニーが手に持っているのはモーガンの食べかけのアイスであろうことが **you** を主語にした **Now you are.** というトニーのセリフから想像できるということです。

## Love you tons.
いっぱい愛してるよ。　　　　　　　　　　　　Tony Stark トニー・スターク

## I love you 3,000.
3,000回愛してる。　　　　　　　　　　　　Morgan Stark モーガン・スターク

0:41:12 p.170

### <u>tons</u> に対しての <u>3,000</u>

トニーが言った Love you tons. は主語の I が省略された形。I love you. のような言葉の場合は、わかりきった主語である I は元々強く発音されないので省略される傾向にあります。

tons の ton は重さを表す1トンのトン（t）です。日常使う単位であるキログラム（kg）と比べ、人間が持てないようなレベルの重さを表す単位であることから、tons という複数形で「多量、多数」という意味で使われます。「多量・多数の…」と言いたい場合には〈tons of＋名詞〉の形になります。

 日常会話でこう使う

**He goes out with tons of girls.**
彼は大勢の女の子とデートしてる。

**There's tons of terrific stuff in the museum!**
その博物館には素晴らしいものがたくさん［ゴマンと］あるよ！

また tons はインフォーマルな副詞として very much、a lot のような「とても、大いに、たくさん」という意味でも使われます。

**I feel tons better after a rest.**
休憩の後は、前よりずっと気分がいいです。

ですから、トニーがモーガンに言った Love you tons. は I love you very much. や I love you a lot.「とても愛してるよ」という意味ですが、tons がイ

ンフォーマルな表現であること、「多量・多数」のニュアンスがあることを踏まえると、「いっぱい愛してるよ」という日本語が一番しっくりくるでしょう。

娘モーガンに Love you tons. と言ったところ、モーガンは I love you 3,000. と返します。

3,000 の英語の発音は three thousand です。「千が3個ある3千」なら、thousand という単語も複数形になりそうなところですが、数を表す数詞の場合は、thousands のような複数形にはなりません。thousands という複数形が使われるのは、thousands of theaters「何千もの映画館」のような thousands of「何千もの」という表現の場合です。[0:27:03] のキャロルのセリフにも On thousands of planets.「何千もの星々でね」という表現が出てきました。他の数詞の hundred「百」や million「百万」でも同じルールとなります。

a lot の意味で tons を使ったトニーに対して、同じように「いっぱい、たくさん」と言いたい場合、数字を使った表現でまず頭に浮かぶのは a million でしょう。million は「100万」ですが、Thanks a million. なら「ほんとにほんとにありがとう、すっごくありがとう」という、大きな桁の数字を使った誇張表現となります。a million = a million times「100万回」ということで、「100万回（分）のありがとう」というニュアンス。

I love you a million. あるいは I love you a million times. と表現すれば「100万回愛してる」という意味になり、「ものすごく愛してる、めちゃくちゃ愛してる」ということを表現できますが、Thanks a million. のように million という数字を使うのはいわば常套句であり、数字的には大きいけれど、ある意味月並みでありきたりな表現にもなってしまいます。

お決まりの表現である a million ではなく、3,000 が使われていたことで、このセリフが印象的なものになっています。

# Go to bed or I'll sell all your toys. Night night.

寝なさい、さもないとおもちゃを全部売っちゃうぞ。
おやすみ。

**Tony Stark**
**トニー・スターク**

0:41:31 p.170

## 命令形＋or「～しなさい、さもないと…」

Go to bed or I'll sell all your toys. は〈命令形 or ...〉の形で「～しなさい、さもないと…するぞ［…になるぞ］」という意味。

 日常会話でこう使う

## Get out of here now, or I'll call the police.
今すぐここから出てって、さもないと警察を呼ぶわよ。

Night night. は Good night. のような「おやすみ」を意味する言葉。Nighty night. とも言います。Night night. は、ベッドに行って眠ろうとする子供に対して使われる言葉で、今回の状況がまさにその典型例です。そのようにもっぱら子供に対してよく使われる言葉ですが、その言葉の子供っぽい感覚から、仲のいい友達同士、恋人同士で使われることもあります。

## I figured it out. By the way.
答えが出たんだ。話は変わるけど。　**Tony Stark トニー・スターク**

0:41:57 p.174

## figure out「答えを出す、解決する」

ペッパーが本を読んでいるリビングにやってきたトニー。**Not that it's a competition... but she loves me 3,000. You were somewhere in the low 6 to 900 range.**「張り合うわけじゃないけど……でもあの子は僕を3,000回愛してるって。君は、600前半から900までの範囲のどこかだったろ」と言った後、トニーは娘との大切な時間の名残をいつまでも感じていたいかのようにアイスの棒を口にくわえ、腕を組みながら、書斎のホログラムの成功したモデルを見つめています。その後もペッパーの本のことで会話はしていますが、トニー

はホログラムから目が離せません。そしてペッパーが堆肥<sup>たいひ</sup>の話をしているのを遮るように、**I figured it out.** と言い、唐突にその話題を出してしまったことを詫びる感じで、**By the way.**「話は変わるけど、ところでの話だけど」と付け加えて、口にくわえていたアイスの棒を取ります。

**figure out** は「～の答えを出す、～を解決する・考え出す」。「ある問題について、答えが出るまで考える」というニュアンスです。[0:04:28] でも、**we figured out a way to reverse the ion charge**「イオンチャージを逆流させる方法を見つけた」という形で使われていました。

 **日常会話でこう使う**

## We got a lot to figure out now.
今、僕たちには解決しなければならないことがたくさんある。

## I want to figure out if he's telling the truth.
私は彼が真実を語っているかどうかを見極めたいの。

---

**Phrase**

# 67

## I can put a pin in it right now and stop.

今すぐそれをピンで留めて、
やめることもできる。

Tony Stark トニー・スターク

0:42:43　p.178

## put a pin in 「ピンで留める」→「それ以上やらない」

**pin** は名詞で「ピン、留め針」、他動詞で「ピンで留める、押さえつける、動けなくする」。**put a pin in** は「～にピンを刺す、～をピンで留める」ということで、その件はそのままそこに置いておく、という「保留」（まさに"留めてその場に保つ"）のニュアンスになります。

なお、動詞 **pin** に「押さえつける、動けなくする」という意味があることから、「敵を倒し、地面に押さえつけて動けなくする」ことを、動詞 **pin** を使って表現できます。

## Phrase 68 I'm working on it.

今、やってるよ。　　　　　　Bruce Banner ブルース・バナー

0:44:39 p.186

## I'm working on it. 「今、その件に取り組んでいる最中である」

work on は「(問題・課題・仕事) に取り組む、せっせと励む」。時間をかけて、作ったり、修理したり、改良したりするというニュアンス。

I'm working on it. は「今、その件に取り組んでいる最中である」ということで、今回のようにトラブルや問題が起きた場合だと、「今ちゃんとやってるところだから (ちょっと待ってて、黙ってて)」のようなニュアンスが出ます。

この後のシーンでは、トラブルではない場合の「今ちゃんとやっているところだ」というニュアンスで出てきます [0:47:48]。

**トニー** : We are getting the whole team, yeah?
僕たちはチーム全員を集めるんだよな?

**スティーブ** : We're working on that right now.
今、それをやっているところだ。

## Phrase 69 Why the long face?

どうしてそんな浮かない顔をしてるんだ?　　　Tony Stark トニー・スターク

0:46:08 p.194

## long face 「浮かない顔」

long face を直訳すると「長い顔」ですが、これは「浮かない顔」を表します。顔に、悲しい、がっかりした、または心配そうな表情が浮かんでいる様子です。

long-faced だと形容詞で「浮かない顔の」という意味になるので、Why the long face? は、Why so long-faced? と形容詞を使って言い換えることもできます。

**CHAPTER**

01
02
03
04
05
06
07
08
09
10
11
12
13
**14**
15
16
17
18
19
20

 日常会話でこう使う

## Hey, you guys. Why all the long faces?

ねえ、みんな。どうしてみんな浮かない顔をしてるの？

（複数の人が浮かない顔をしている場合には、Why the long faces? のように複数形が使われる）

**Phrase 70** **Let me guess, he turned into a baby.**

当ててみせようか、彼が赤ちゃんに
なったんだろ。

**Tony Stark**
トニー・スターク

0:46:10 p.194

### Let me guess.「答えを当ててみせようか」

guess は動詞で「推測する、（当て推量で）言い当てる」。

「自分に推測させろ」ということから「自分に答えを当てさせて。答えを当ててみせようか」という意味になります。

 日常会話でこう使う

## Guess what happened at work today.

今日、職場で何が起こったか当ててみて。[何が起こったと思う？]

会話ではシンプルな Guess what? の形もよく使われます。「何だと思う？ 何があったか当ててみて」ということから、人に伝えたいニュースなどの話題を切り出す時の決まり文句となります。

# 71

## Somebody could have cautioned you against it.

それをしないようにと誰かが君たちに
警告することもできただろうに。

Tony Stark トニー・スターク

0:46:21 p.194

## could have+過去分詞「（しようと思えば）～できただろうに」

caution someone against は「（人）に～しないよう警告する」。
〈could have＋過去分詞〉は「（しようと思えば）～できただろうに」。過去の
事実とは反対のことを仮定して、「（もしあの時…だったら）～できただろう
に」と表現したい場合に使います。

 日常会話でこう使う

> ## I could have done more if I had come home early.
>
> もっと早く帰宅していたら、もっと多くのことができていただろ
> うに。

通常は上の例文のように「もし状況が違っていたら～できただろうに」と表
現することで、「実際にはできなかった」ことを示唆します。今回のトニーの
セリフの場合はその後に「スティーブ：君が警告した。 トニー：僕が？」と
言っているように、トニーは自分が警告したことを当然わかっていながら「こ
んなことになるなんて、誰も警告しなかったのか？」と表現することで、「僕
が警告したのに言うことを聞かずに勝手に実験するからこうなったんだ」と
言っていることになります。

## Phrase 72

# Bring back what we lost, I hope, yes. Keep what I found, I have to, at all costs.

失ったものは取り戻す、そうしたい、もちろん。僕が
見つけたものは手放さない、僕はそうしなければな
らない、どんな犠牲を払っても。

Tony Stark
トニー・スターク

0:46:48 p.196

## at all costs 「どんな犠牲を払っても」

トニーは〈動詞＋what SV〉という形を2回使って、「僕らが失ったものは取り戻し、僕が見つけたものは持ち続ける」と語ります。keep は「保つ、保持する、持ち続ける」で、この場合は「見つけたものは手放さない」というニュアンス。「僕らが失ったもの」はサノスのスナップによって消えた人々。「僕が見つけたもの」はトニーの家族であり、かつ家族との幸せな生活をも指していることになるでしょう。

at all costs は「すべてのコスト（費用）で」ということで、「どんなに費用をかけても、どんな犠牲を払っても、何としてでも」。at any cost と表現することもできます。all の場合は複数形の costs になり、any の場合は単数形の cost になることにも注意しましょう。

前半については「ぜひともそうしたい」という願望を語り、後半については「どんな犠牲を払っても、僕はそうしなければならない」という義務と責任を語っています。消えた人々を取り戻したい気持ちは僕も同じだ、だが、僕が見つけた大切なものだけは絶対に手放さないという決意表明です。

## Phrase 73

# And maybe not die trying. Would be nice.

そしてできたらすべてを犠牲にすることなく（その目的が
達成できる）［その過程で死なない］……ならいいよな。

Tony Stark
トニー・スターク

0:46:55 p.196

## and not die trying 「すべてを犠牲にまではしない」

「消えた人々を取り戻す、僕の大切なものは手放さない」と深刻で真剣な面持ちで告げた後、この最後の部分は、ちょっと緊張が解けた様子で、先ほどよりは軽いトーンで語っています。

not die trying の説明をする前に、まずは not のない形の die trying から見ていきましょう。die trying はもっぱら or die trying の形で使われ、意味は「何を犠牲にしても絶対に目的をやり遂げる」となります。

日常会話でこう使う

## I will get my doctorate at MIT or die trying.
私は何を犠牲にしても、絶対に MIT で博士号を取る。

「～する、～したい」という決意を述べた後の or die trying は「さもなければ、それにトライしながら死ぬ」という意味。つまり、死ぬまでその目的に向かって努力し続けるということで、何を犠牲にしても必ずその目的に到達してみせる、という強い意志を表した表現になります。

なお、die「死ぬ」という単語が含まれているので「命を犠牲にする」というイメージが浮かびがちですが、「トライしながら死ぬ」→「死ぬまでトライし続ける、あきらめない」ということであって、必ずしも「命・死と引き換えに目的を達成する」ことを意味しているわけではありません。ですが「その目的のためなら死ぬまで努力し続ける」ということなので、究極的には命をも投げ出すほどの覚悟や決意が含まれていると考えることはできるでしょう。

このように or die trying という表現があることを踏まえて、その否定形の not die trying は、次に示すように and not die trying という形でよく使われます。

日常会話でこう使う

## I'll show you how to get the license and not die trying.
すべてを犠牲にすることなく［苦労しないで］その資格を取る方法を教えましょう。

直訳すると「～する、そしてトライしながら死ぬということはない」となるの

で、「その目的のためならすべてを犠牲にする、ということまではしない」という意味になるわけです。この例文のように、**How to (do) and not die trying**「苦労しないで〜する方法」というフレーズでよく使われます。

つまり **or die trying** が「何を犠牲にしても（必ずやり遂げる）」という意味で、**and not die trying** は「すべてを犠牲にすることなく・苦労せずに（物事を行う）」という意味だということです。

ですからトニーのセリフの **And maybe not die trying. Would be nice.** は、**maybe**「多分」のように少々断言を避けるニュアンスが入っていますが、**maybe** を除くと **and not die trying** となり、その前のセリフ **Bring back what we lost, I hope, yes. Keep what I found, I have to, at all costs.** の後に付け足したような形となります。

このトニーのセリフの **and not die trying** を日常会話で使われる一般的な表現として解釈すると、その直前に、「何を犠牲にしても」を意味する **at all costs** を使って、「大切なものは何を犠牲にしても守る」と言い切ったばかりなのですが、そこに **And maybe not die trying. Would be nice.** と続けることで「でも、すべてを犠牲にすることなく（それが実行できる）……ならナイスだよな［いいよな］」「すべてを犠牲にしても、とは言ったが、まあ、犠牲がないに越したことはないよな」とトーンダウンしたという流れになります。深刻なトーンで話を終えたくなくて、最後にジョークや軽口で締めたというトニーらしいセリフだと言えるでしょう。

また、一般的に使われる **and not die trying** は「すべてを犠牲にすることなく」という意味であり、実際に「死ぬ」ことまでは意味しませんが、アベンジャーズというヒーローの場合、究極の犠牲はやはり「死」を意味します。それを考えると、このトニーのセリフの **and not die trying** は文字通りの「目的にトライしながら死ぬことはない」→「目的を達成する過程で死なない」という意味に取ることも可能でしょう。

ですが、命懸けで戦うヒーローは常に死と隣り合わせであり、死を強く意識しているからこそ、逆に「死ぬ（**die**）」という言葉をそのままの意味でダイレクトに使うことには抵抗があるのではないかとも思います。

一般的には「死」を意味することはない **and not die trying**「すべてを犠牲にすることなく」という日常的な言い回しを使って表現することで、「**die**＝死ぬ」という直接的な意味を出しすぎずに「目的を達成する過程で死なない」ということも示唆するセリフになっているような気がしました。

**Phrase 74**

# Why? He made it for you.

どうして？ 彼（僕の父）は君のために
その盾を作ったんだ。　　　　Tony Stark トニー・スターク

0:47:27 p.198

## <u>make</u>＋物＋<u>for</u>＋人「（人）のために（物）を作る」

『シビル・ウォー』でキャプテン・アメリカが手放すことになった愛用の盾（シールド）を、トニーがスティーブに返すシーン。「（人）のために（物）を作る」という意味では、〈make＋人＋物〉と〈make＋物＋for＋人〉の両方の形を取ることができますが、前置詞 for を使った形のほうが「その人のために」というニュアンスがより強く出ます。和訳にあえて違いを出すとすると、〈make＋人＋物〉だと「人に物を作る」で、〈make＋物＋for＋人〉だと「物を人のために作る」と表現できるでしょう。わざわざ for をつけることで、日本語で「（人）のために」と表現するのと同じ効果が出るわけです。

トニーが言っている通り、トニーの父ハワード・スタークがその盾を作りました。トニーが湖畔の家で洗い物をした後に、パーカーの写真を見ていましたが、そのパーカーの写真の横に置いてあったのが、父ハワードの写真です。
『シビル・ウォー』では、ソコヴィア協定の是非を巡り、トニーとスティーブが戦うことになります。いったんは和解しかけた二人でしたが、敵が見せたビデオテープから、トニーは、ヒドラに洗脳され操られていたウィンター・ソルジャー（バッキー）が自分の両親を殺したことを知ります。スティーブがそれを知っていながら、洗脳されていた親友バッキーをかばうためにその事実を隠していたことにトニーは激昂し、二人の戦いはさらに激化。スティーブが盾でトニーのアーク・リアクターを破壊し、バッキーと立ち去ろうとした時、トニーはこう叫びます [2:11:35]。

**トニー** : That shield doesn't belong to you. You don't deserve it.
My father made that shield!
その盾はお前のものじゃない。お前にはそれを持つ資格はない。
僕の父がその盾を作ったんだ！

「父の死の真相を隠していたお前に、父を殺した犯人をかばおうとするお前に、父が作った盾を持つ資格はない」ということで、そう言われたスティーブは盾を残して立ち去ります。

こうして『シビル・ウォー』でスティーブは愛用の盾を手放すことになり、『インフィニティ・ウォー』の時には、盾の原料ヴィブラニウムがあるワカンダのティ・チャラ王から新たな形の盾をもらい受け、それを使っていました。「父が作ったものだからお前には持つ資格がない」と怒り、スティーブと決別したトニーが、そういう経緯から受け取るのを躊躇（ちゅうちょ）するスティーブに「父が君のために作ったものだ」と言って手渡したことで、トニーのスティーブに対する確執が消えたことがわかります。

My father made that shield! と言って取り上げる形になった盾を He made it for you. と言って返したわけで、この二つのセリフを比較することで for you「君のために（父は盾を作った）」という言葉の重みがより感じられるでしょう。

---

**Phrase 75**

## Plus, honestly, I have to get it out of the garage before Morgan takes it sledding.

プラス、正直に言うと、その盾をガレージから出さないといけないんだよ、モーガンがそれをそり滑りに持っていく前にね。

Tony Stark
トニー・スターク

0:47:31 p.198

### take someone doing「（人）を〜しに連れていく」

plus はまさに日本語の「（それ）プラス」という意味。何か言った後、さらに文章を追加で続ける場合に、日本語の「プラス」の感覚で使えます。sled は名詞で「そり」、動詞で「そりに乗る、そりで滑る」。

take の基本的な意味は「取る」ですが、「（人）を連れていく」という意味もあり、take him to the zoo なら「彼を動物園に連れていく」となります。take someone doing という形は「（人）を〜しに連れていく」という意味で使われ、take him swimming だと「彼を泳ぎに連れていく」となります。今回の takes it sledding は目的語が it（それ＝盾）のように人ではなく物になっていますが、自分のお供のように盾を擬人化して表現したと考えるとわかりやすいでしょう。「（モーガンが）それ（盾）をそり滑りに連れていく」→「そり滑りのためにその盾を持っていく」、つまり「モーガンがその盾をそりに使っちゃうから」と言っていることになります。

## I'll take my son fishing tomorrow.
明日、息子を釣りに連れていくんだ。

トランクを開けて盾を取り出した時、盾の皿のようにへこんだ部分にモーガンの持ち物らしいぬいぐるみと毛布が乗っかっていたので、モーガンがそりに使ってしまうことも確かにありそうと思えるのも楽しいですが、上に乗っかっていたそれらをトランクの中に落とすために盾をひっくり返すことで、それがキャプテン・アメリカの盾だとわかる、という演出にもなっているところがしゃれています。

## Phrase 76 What's up, Regular-Sized Man?
調子はどうだ、標準サイズの男？

James "Rhodey" Rhodes
ジェームズ "ローディ" ・ローズ

0:48:27 p.204

### Regular-Sized Man
「小さくも大きくもない、レギュラーサイズド・マン」

タコスを食べようとしているスコットのすぐそばに、ウォーマシンが大きな音を立てて勢いよく着地し、驚いたスコットはタコスを落としてしまいます。そのスコットにウォーマシン姿のローディが What's up, Regular-Sized Man? と声をかけますが、この Regular-Sized Man はアリのように小さいアントマンや巨大なアントマンと比較しての「標準・普通サイズの男」というニュアンス。

特にローディにとっては「巨大なアントマン」のイメージを強く植えつける出来事がありました。
『シビル・ウォー』のドイツの空港での戦闘では、ウォーマシン（ローディ）はトニー側、アントマン（スコット）はスティーブ側についており、つまりローディとスコットは敵同士でした。その敵である飛行中のウォーマシンの背中に小さなアントマンが飛び乗り、その後、巨大化してジャイアントマン

（Giant-Man）となり、ウォーマシンの脚を掴みます [1:39:19]。

**ローディ**　：Okay, tiny dude is big now. He's big now.

　　　　　あぁ、ちっちゃなやつが今は大きくなってる。やつは今、大き
　　　　　くなってるぞ。

巨大化直後に脚を掴まれたローディとしては、「アントマン＝敵方の大きなや
つ」という印象が強烈に残っているでしょう。『シビル・ウォー』のこのセリ
フで2度も big という単語を使ったローディだからこそ、Regular-Sized が
「（小さくないのは言うまでもなく）ビッグサイズではないレギュラーサイズ
（普通の人間の大きさ）」という意味だと理解できるということです。字幕で
Regular-Sized Man と語頭が大文字表記されているのも、Ant-Man と Giant-
Man に対する固有名詞として表現していることになります。

## Phrase 77 I think I liked you better either of the other ways.

別の姿のどっちのほうでも、（今とは違う）
別のほうのあんたが好きだったと思う。　　**Valkyrie ヴァルキリー**

0:49:38 p.214

## either of the other ways「別のほうのどちらでも」

either は「二者のうちのどちらか、どちらでも」。この either of the other
ways は「別の様子」が2種類あって、そのどちらであっても、今のあんたよ
りそっちのほうが好きだったと思う、ということ。
惑星サカールでブルースはずっとハルクの姿のまま過ごしており、ヴァルキ
リーはその野性味あふれるハルクと意気投合していました。後に星を脱出す
る際、ブルース・バナーに戻った姿も見ていて、彼女はハルクとブルースの両
方の姿を知っているので、「二人が融合した今の姿よりも、ハルクだけ、また
はブルースだけの姿のほうが素敵だった」と「いきなりなご挨拶」っぽい辛
辣な言葉を投げかけたことになります。

# 78 How ya doing?
元気かい？

Rocket ロケット

0:49:42 p.216

## ラフな挨拶

「こいつはロケットだ」と紹介されたロケットは、かごにもたれながらイケてる男っぽく手を挙げて、ヴァルキリーに挨拶しています。ヴァルキリーがそんなロケットをしばらく見つめた後、何も言わずにブルースとの会話に戻ってしまうのも楽しいところ。

How ya doing? は How are you doing? ということで、「今、君はどんな風にしてる？ どんな様子？」ということから「元気かい？ 調子どう？」という挨拶の言葉として使われます。

ya は you をラフに発音したものなので How ya doing? は How you doing? ということですが、現在進行形 be doing の形にするために、文法的に本来はbe 動詞の are が必要です。ただ、実際の会話では、そのような be 動詞のare は強く発音されません。are は情報としてはあまり意味のない言葉で、単に「現在進行形を作る」という文法上の役目を果たしているにすぎません。
この be 動詞のような、文法上の「〜形」を作るために必要となる言葉を「機能語」と言います。それに対して、内容を伝える言葉は「内容語」と呼ばれます。英語では内容を伝えるための「内容語」が強く発音され、それに伴い「機能語」は弱く発音されることになるため、How are you doing? の are は弱く発音されるし、省略も可となるわけです。

# 79 Come here, cuddly little rascal.
こっちに来い、抱きしめたくなるほどかわいい、
ちっちゃなわんぱく小僧め。

Thor ソー

0:50:43 p.222

## rascal あらいぐまラスカルは「わんぱく小僧」という意味

cuddly は形容詞で「抱きしめたくなるような、抱きしめたいほどとてもかわいい」。動詞 cuddle が「（愛情を込めて）（相手に腕を回して）抱きしめる」という意味なので、形容詞 cuddly は「cuddle したくなるような」という意味になるわけです。

rascal は名詞で「いたずらっ子、わんぱく小僧、やんちゃぼうず」。いたずらなどの悪さをするけれども、それでもかわいいから怒ることができない、というような感覚で、特に子供のことを指します。元々は「悪いやつ、ならず者（a dishonest man）」という意味でしたが、今はそのような使い方はほとんどせず、もっぱら、愛情を込めたユーモラスな表現として「いたずらっ子」の意味で使います。**You little rascal!**「このいたずらっ子め！」のように **little** とセットで使われることも多いです。

## Phrase 80

# Feel free to log on to the Wi-Fi. No password, obviously.

Wi-Fi には遠慮なくログオンしてくれていいよ。
パスワードもなし、言うまでもなくね。　　　　　　Korg コーグ

0:50:56 p.224

## feel free to do「遠慮なく〜する」

**feel free to do** を直訳すると、「〜することを自由に感じる」ということですから、「自由に〜する、遠慮なく〜する」という意味になります。気兼ねせずに、どうぞご遠慮なく、という意味でよく使われる表現です。

 日常会話でこう使う

**Feel free to correct me if I'm wrong.**
もし私が間違っていたら、遠慮なく訂正して。

後のシーンでも以下の形で出てきます [1:16:28]。

トニー　　　: By the way, feel free to clean up.
　　　　　　ところで、遠慮せず掃除してくれたっていいんだぞ。

これは言葉としては「どうか遠慮せずに〜してくれ」と言っていますが、散らかっているのに誰も掃除をしないことを皮肉っぽく表現したものとなります。

コーグとミークは『マイティ・ソー バトルロイヤル』に登場したキャラクター。惑星サカールでソーと知り合い、意気投合します。『バトルロイヤル』の監督

タイカ・ワイティティが、コーグのモーション・キャプチャーでの演技と声を担当しています。

0:53:10 p.228

## Phrase 81

# You're in a rough spot, okay? I've been there myself.

君はつらい状態にいるんだ、そうだろ？
僕自身にも経験あるよ。

Bruce Banner
ブルース・バナー

### I've been there.「僕にも経験ある」

rough は形容詞で「つらい、苦しい」。

I've been there. は「僕もそれを経験したことがある・よく知っている」という意味。I have been there. は「経験」を表す現在完了形で、直訳すると「僕はそこにいたことがある」ということ。「そこ」とは「相手が経験しているのと同じ状況」ということで、「自分もそれと同じ状況にいたことがある、そういう状況になった経験がある」と共感する表現になります。I've been there. は Been there. のようにラフに表現されることもあります。

 日常会話でこう使う

**A : I haven't been getting enough sleep since he dumped me.**

彼に振られて以来、ずっと寝不足なの。

**B : Been there.**

経験あるよ。

## Phrase 82
### So, whatever it is that you're offering, we're not into it.

だから、お前が提案していることがどんなものであろうとも、
俺たちはそれに興味はない。

Thor ソー

0:53:53 p.230

## into「〜に興味・関心を持って」

into は前置詞で「〜の中へ、〜の中に」という意味。in「中、内部」＋to「〜へ」なので「中に入り込む」感覚になるわけですが、その動きのイメージから「〜に興味・関心を持つ」という意味で使われます。このソーのセリフ we're not into it も、相手のオファーに対して興味も関心もないと言っていることになります。

into は単に「興味がある」以上の、「何か趣味や関心の対象となるものにのめり込む」という意味でも使われます。まさに日本語の「入れ込んでいる、ハマっている」に近い感覚で、〈be into ＋趣味〉だと「(趣味) にハマっている」、〈be into ＋人〉だと「(人) に夢中である・ぞっこんである」という意味になります。

 日常会話でこう使う

## I'm really into 80s rock!
俺、80 年代のロックに、超ハマってるんだ！

## Phrase 83
### Don't care. Couldn't care less.

どうでもいい。全くどうでもいいよ。

Thor ソー

0:53:55 p.230

## Couldn't care less.「全くどうでもいい」

このソーのセリフの Don't care. と Couldn't care less. は、どちらも主語 I が省略されています。care は「気にする、かまう」。I don't care. は「(私は) 気にしない、どうでもいい」。

I couldn't care less. は「ちっとも・いっこうにかまわない、全くどうでもい

い」。**I don't care.** をさらに強めた表現になります。

**I couldn't care less.** は「これ以上少なく気にするということは（しようと思っても）できない」ということ。つまり「気にしている状態の最低レベル」ということで、「これ以上ないくらい、そのことを気にしていない」→「ちっとも・全然気にしていない、自分にとっては全くどうでもいい」という「興味・関心がゼロ」であることを表現したことになります。ソーはまず **not into**「興味・関心がない」という言葉を使い、次に **not care** で「気にしない、どうでもいい」、さらに **couldn't care less** で「全くどうでもいい」と表現することで、ブルースの誘いに乗るつもりは全くないと説明したわけです。

**couldn't ... less** が「これ以上少なく…することはできない」→「…する状態の最低レベル」となるわけですが、**couldn't ... more** の形を使うと「これ以上（多く）…できない」→「これがすべての中で…できる最高」という意味で使えます。

 日常会話でこう使う

## Couldn't be better.

最高だよ。（「調子はどう？」と聞かれた時の返事で、「これ以上良くなることは（しようと思っても）できない」→「最高」という意味になる）

## I couldn't agree with you more.

これ以上ないくらい、あなたに大賛成です。（最後の **more** を聞き逃すと「あなたに賛成できない」という意味に勘違いしてしまうので注意）

## 84 | You're drifting left. One side there,

左にそれてきてるぞ。
そっちにどけ、

Tony Stark トニー・スターク

0:57:43 p.250

### One side. 「片側に寄れ、どけ」

drift は「漂う、（水や空気の流れに）吹き流される、漂流する」。「流される」という意味から、車が「進むべき方向から少しそれる、横滑りする」という意味でも使われます。これは「ドリフト走行」のように日本語化しています。

one side は「片側」で、One side. は「片側に寄れ」という意味で使われます。Move to one side. の move to が省略されたものと考えればよいでしょう。目の前に邪魔な人がいる場合に One side. と言うと「通り道の片側に寄れ、道をあけろ、どけ」という意味の、直接的でやや無礼な言葉となります。

今回の場合も、缶ビールを飲みながら、目の前をフラフラ歩いているソーに対して、「僕が通ろうとしている左をあけろ」という意味で、「左に寄ってきてるから、そっちにどけ」と言ったということです。車好きのトニーのことですから、drift という動詞も「ドリフト走行」を意識したものでしょう。

## 85 | how's it going?

どんな感じだ？

Tony Stark トニー・スターク

0:57:50 p.250

### How's it going? 「どんな感じ（で進んでる）？」

How's it going? は状況を尋ねる表現。ある事柄の進行・進捗具合を尋ねる定型表現となります。

その事柄がもう終了していて、結果がどうだったかを尋ねる場合には、How did ... go?「…はどう進んだ？　…の結果はどうだった？」のように過去形を使うことができます。また、動詞 go を使わずに be 動詞で How was ...? と表現することもできます。

## How did the interview go?
面接はどうだった？［面接はどんなふうにいった？］

## How was the interview?
面接はどうだった？

（interview はいわゆる「インタビュー」だが、有名人が取材を受けるインタビュー以外に、就職試験の面接も指す。具体的に言うと job interview になるが、もっぱら interview だけで「（就職の）面接」の意味で使われる）

---

**Phrase 86**

## It's Rocket. Take it easy. You're only a genius on Earth, pal.

ロケットだ。そうむきになるなよ。
お前は地球では天才だけどな。

Rocket ロケット

0:57:51 p.252

### Take it easy.「気楽にいこうぜ、むきになるな」

take it easy は「気楽にやる、のんびりする」。緊張や動揺をしている相手に、**Take it easy.** と言うと「気楽にいこうぜ、焦るなよ、あくせくするな、落ち着け」などの意味になります。今回の場合、ロケットをラチェットと呼んだトニーは別に動揺などしている風ではありませんが、ロケットがトニーに対して **Take it easy.** と言ったことで、「お前、焦ってるだろ、むきになってるだろ」と言いたいと思っていることがうかがえます。その後の「お前は地球では天才だけどな」とロケットが言うことで、ロケットは、「天才」という点においてトニーが自分（ロケット）に焦りを感じているはずだ、と言いたいことがわかるわけです。

相手にあだ名をつけてからかうということは、相手をバカにするようなニュアンスが多少なりとも感じられます。トニーがロケットにあだ名をつけたことに対して **Take it easy.** と返すことで、「自分のほうが賢いとマウント取ろうとしてるのかもしれないが、"地球では"お前は賢いんだからむきになるな」→「まあ、宇宙にはお前の上を行く俺のような天才がいるんだがな」と言いたい気持

ちが見えていると言えるでしょう。「地球ではお前は天才なんだから、他の星の天才に張り合おうとするな、地球人」と言いたいということで、**on Earth** という言葉がポイントとなります。

**Phrase**
**87**

## I'm being very careful.
僕はすごく気をつけてるよ。　　　　　　Bruce Banner ブルース・バナー

## No, you're being very Hulky.
いや、すごくハルクっぽい（荒っぽい）　　　　　　　　　Scott Lang
感じだよ。　　　　　　　　　　　　　　　　　　　　スコット・ラング

0:58:04 p.256

## be being「今〜という状態である」というbe動詞の進行形

I'm being very careful. は **am being** のような「**be** 動詞の進行形」の形になっています。careful は形容詞で「注意深い、気をつける」なので、**I'm careful.** だと「僕は注意深い」という主語の全般的な性格や気質を述べていることになりますが、これを **be being** という **be** 動詞の進行形にすることで、「その状態がまさに今、進行中である」ことを示すことができます。ブルースが注意深い人であるかどうかの話ではなくて、「今やっている行動が注意深いものである、注意深く行動している」と言ったことになります。

 日常会話でこう使う

**A : Are you scared? You're being a big wimp.**
怖いのか？ やけに弱虫になってるな。
**B : I'm just being realistic.**
俺はただ現実的になってるだけだよ。

**Hulky** は「ハルク」という名前を形容詞にしたもので、まさに「ハルクっぽい、いかにもハルクって感じ」というニュアンス。スコットのほうも **are being** という形を使って、「君の今やってる行動が」ハルクがやるみたいに荒っぽい、雑である、と言っていることになります。

# 88

## We've got enough for one-round trip each. That's it. No do-overs.

一人につき一往復する分しかないんだ。
それだけだ。やり直しはないんだ。

Scott Lang
スコット・ラング

0:58:17 p.256

## each 副詞「それぞれに」

each は、代名詞として each other「お互い（に）」、形容詞として each student「それぞれの・おのおのの学生」のように使われますが、このセリフの each は「それぞれ（に）、おのおの（に）、一人［1個］につき」という意味の副詞。

 日常会話でこう使う

## These tickets cost $15 each.
この［これらの］チケットは 1 枚につき 15 ドル（の価格）です。

今回のスコットのセリフは、「一人につき（一人がそれぞれ）一往復するのに足りる量（のピム粒子）を俺たちは持っている」ということ。「各自一往復分"しかない"」とその少なさを強調したほうが日本語としては自然ですが、この英文そのものは「俺たちが持っているのは一人一往復をまかなえるだけの量である」という事実を述べていることになります。

# 89

## I'm game. I'll do it.

俺はやる気あるぞ。俺がやろう。　Clint Barton クリント・バートン

0:58:31 p.256

## game「やる気のある」

game は名詞で「ゲーム、試合」ですが、形容詞で「やる気のある、乗り気な、（〜することを）いとわないで」という意味があります。「新しいことや難しくて危険なことをやろうとする意志がある」というニュアンス。

## He is game for anything to protect his family.
## He is game to do anything to protect his family.
彼は家族を守るためなら、どんなこともいとわない。

このように「（〜することを）いとわない」という意味では、〈**be game for ＋
名詞**〉、または **be game to do** の形が使われます。

---

## Phrase 90　Problem solved.
問題解決だよ。　　　　　　　　　　　　　　**Scott Lang** スコット・ラング

0:59:04 p.258

### Problem solved. 「問題解決」という決まり文句

Problem solved. は「問題は解決される［された］」という受動態の意味にな
ります。
受動態は文法的には〈**be動詞＋過去分詞**〉の形で表され、この場合も **is
solved** のように**be**動詞が入るべきところですが、定番フレーズとして
**Problem solved.** という**be**動詞のない形がよく使われます。
**be**動詞のない受動態の決まり文句として、謝罪に関する以下のフレーズがあ
ります。

 日常会話でこう使う

## Apology accepted.
〈相手の謝罪を受けて〉わかりました［謝罪を受け入れます］。

## Apology not accepted.
謝罪は受け入れられません。

この例文も、文法的には **Your apology is accepted.** のように〈**be**動詞＋過去
分詞〉の受動態の形を取ることになりますが、名詞の前の所有格または冠詞、

そして受動態を作るために必要な構成要素である**be**動詞を省略したシンプルな形 Apology accepted. で、受動態のニュアンスを出すことができることになります。

このように「**be**動詞のない過去分詞だけで受動態の意味を表す」ことは、新聞記事やニュースの見出しでよく用いられます。少ない文字数で情報を伝える必要があるため、受動態という文法における形を作るために必要となる「機能語」（64ページ参照）は省略される傾向にあるということです。

## Man arrested for murder
〈新聞の見出しで〉殺人で男が逮捕された

arrest は過去形も過去分詞形も arrested なので、「男が（誰かを）逮捕した」という過去形に見えてしまうかもしれませんが、これは**be**動詞が省略された過去分詞形であることに注意しましょう。

『インフィニティ・ウォー』では、スコットランドにいるワンダとヴィジョンのシーンで、ワンダが見つめるテレビ画面で以下の文字が表示されていました[0:37:33]。

BREAKING NEWS
NEW YORK ATTACKED
ニュース速報
ニューヨーク攻撃される

「ニューヨークが（何かを）攻撃した」という過去形の意味に勘違いすることは少ないと思われますが、日常的なテレビのニュース画面の見出しで、このような「**be**動詞が省略された過去分詞のみで受動態の意味を表す」ことは頻繁に行われているということです。

また、看板やサインでも、**be**動詞が省略された過去分詞形が使われます。『エンドゲーム』で、アベンジャーズ本部を囲むフェンスの看板に次のような表示がありました[0:26:14]。

## SECURITY ID OR ESCORT REQUIRED
### セキュリティIDもしくは同伴者必須

required は「必須の」という意味の形容詞として使われますが、「～を必要とする」という他動詞の過去分詞形から来たもので、この看板も「（この敷地に立ち入るためには）セキュリティIDもしくは同伴者が必要とされる」という受動態のニュアンスになります。

---

**Phrase**

# 91

# Okay, so the how works. Now, we gotta figure out the when and the where.

よし、それじゃあ「どのように」（方法）はうまくいく。
今度は、「いつ」（時）と「どこ」（場所）かを考え
なければならない。

Steve Rogers
スティーブ・ロジャース

1:01:51 p.270

## the how, the when and the where ザ（the）をつけることで通常の疑問詞とは異なり「名詞」であることを示す

how、when、where はそれぞれ疑問詞ですが、ここではそれらすべてに the がついています。このように the がつくことで、the how の how は通常の how ではなく、「how」というかぎかっこでくくられたニュアンス、または「how というもの」を指しています。

work は「正常に機能する、うまくいく」。仮に how it works なら、文の一部として「それはどのように働くか」という意味になりますが、the how works のように the がつくと「『ハウ』はうまくいく」のように「ハウ」を名詞化したような感覚になります。日本語にする場合には「『どのように』はうまくいく」のように、かぎかっこでくくってみるのもよいでしょう。「どのように」とは、「どのようにタイムトラベルが行われるか」という「方法」を指しますから、「タイムトラベルする方法はうまくいく」とも表現できるでしょう。その後の we gotta figure out the when and the where も同様に、「『いつ』と『どこ』を考えなければいけない」ということで、つまりは「（タイムトラベル先となる）時間と場所」を考えなければいけないということです。

# 92

## Or substitute the word "encounter" for "damn near been killed" by one of the six Infinity Stones.

または、6つのインフィニティ・ストーンの1つに
「ほぼ殺されかけた」を「遭遇」という単語に置き
換えてくれ。

Tony Stark
トニー・スターク

1:02:01 p.270

### <u>substitute A for B</u>「BをAに置き換える」

encounter は名詞で「遭遇、めぐりあい、出会い、接触」。near は nearly「ほとんど」という副詞の意味で使われていて、damn は強意語ですから、damn near been killed は、nearly been killed「ほとんど殺されかけた、殺されるところだった」をいまいましさをこめてキツい調子で言ったことになります。
substitute A for B は「AをBの代わりに用いる、BをAに取り替える・置き換える」。

 日常会話でこう使う

> ### You can substitute margarine for butter in the recipe.
> そのレシピでは、バターの代わりにマーガリンを使うこともできます。

for ではなく、with を使うこともできますが、「AをBの代わりに用いる」と言いたい場合には、substitute B with A のように、for の時とはAとBの位置が入れ替わりますので注意しましょう。for だと「〜の代わりに」ですから、substitute A for B は「Bの代わりにAを用いる」となります。with だと「〜で」ですから、substitute B with A は「Aを用いてBを置き換える（取り除く）」になります。

そして、トニーのセリフでは for が使われているので、substitute A for B「AをBの代わりに用いる、BをAに取り替える・置き換える」を適用すると、
・「遭遇」を「ほぼ殺されかけた」の代わりに使え
・「ほぼ殺されかけた」を「遭遇」に置き換えろ
と言っていることになります。

「"遭遇した"」というよりは、"ほぼ殺されかけた"って表現のほうが正しい」と思っている人がいたら、「ほぼ殺されかけた」を「遭遇した」に言い換えていいからな、「ほぼ殺されかけた」も「遭遇」に含まれると思っていいからな、ということです。

言っている内容としては、「ストーンに遭遇した＝ストーンに殺されかけた」のように言い換え可能ということですが、厳密に言うと「今のスティーブの"遭遇した"という表現を"ほぼ殺されかけた"に言い換えてくれ」ではなく、「君らが心の中で思っている"ほぼ殺されかけた"は"遭遇した"に含まれると考えてくれ」のように言ったことになります。「遭遇した」なんて生易しいもんじゃない、という気持ちから、「実際は殺されかけたと表現するほうが正しいけど、ここではそれを遭遇ってことにしといてくれ」ということになるでしょう。

## Phrase 93 Yeah, so Jane was an old flame of mine.

あぁ、それでジェーンは俺の昔の恋人だった。　　　　　Thor ソー

1:03:15 p.274

### old flame 昔の恋人

flame は「炎」ですが、文学的な表現で「激情」という意味もあります。flame of passion なら「情熱の炎」、flame of desire なら「欲望の炎」となりますが、日本語でもそのような激情を「（めらめらと燃え上がる）炎」のように表現するので、わかりやすいでしょう。

そして old flame は「昔の恋人」という意味で使われます。男性が、相手の女性のことをそのように表現することが多いです。「（人）の昔の恋人」だと old flame of someone's となりますので、「俺の昔の恋人」なら old flame of mine となります。

## Phrase 94 Not it.

俺、行かない。　　　　　Scott Lang スコット・ラング

1:04:43 p.284

### Not it.「俺はやらない」という早い者勝ちの宣言

「ヴォーミアは、サノスが私の姉を殺した場所」とネビュラが説明した後、アベンジャーズのメンバーたちに気まずい空気が流れ、しばらくしてからスコッ

トが **Not it.** と言います。

この **Not it.** という言葉は「自分はそれをやりたくない」ということを表明する時に使う表現。例えば、やりたくないと思えるような仕事や用事があって、複数の人の中で誰か一人がその行為をしなければならない場合、または人からそのような用事を頼まれた場合に、**Not it.** と言った者はそれをやらなくてよくなり、メンバーの中で最後に **Not it.** と言うことになった人間がそれをやらないといけなくなる、というルールです。つまり、先に **Not it.** と言ったものが勝ち、最後に言った人が負け、という「早い者勝ち」のシステム。

日常会話でこう使う

**A : Can someone answer the phone?**
誰か電話に出てくれる？
**B : Not it.**
俺は出ないよ。

**Not it.** の **it** は「鬼ごっこ」の「鬼」を指しているのではないかと言われています。「鬼ごっこ」は英語では **tag** と呼ばれ、「鬼ごっこをする」は **play tag** となります。鬼ごっこの「鬼」のことを英語では **it** と言い、鬼は他の人を追いかけて、誰かにタッチすることができれば、タッチされた人が鬼になり、また他の人を追いかけることになります。「鬼が相手をつかまえる、相手にタッチする」は動詞 **tag** で表現でき、相手にタッチする時には、**Tag!** または **You're it!** と言うことで「つかまえた！」の意味になります。**You're it!** は「君が鬼だ！」ということです。

それを踏まえると、**Not it.** は「俺は鬼じゃない」ということで、「みんなが嫌だと思うその仕事を俺はやらない」と真っ先に表明したことになります。ネビュラがソウル・ストーンの話をしていて、誰かがそれを取りに行かないといけないのは明白ですから、自分はソウル・ストーンの担当はやりたくない、とスコットは言ったわけです。

「死ぬかもしれない仕事だから自分はやりたくない」というのは、他のアベンジャーズの口からはあまり出てきそうにない発言です。少し前のタイムトラベル実験の際、誤ってピム粒子を1本無駄にしてしまってからスコットが逃げ腰になり、結局クリントに代わってもらっていましたが、そういう姿を見せて

いたため、この **Not it.**「俺、やらない」発言も、スコットなら言いそうかも、と思える流れになっていると言えるでしょう。

## Phrase 95 Ear-nose-throat meets rabbit-from-hat.

「耳鼻咽喉科（医）」と「帽子からウサギ」が
合体したようなやつだ。

Tony Stark
トニー・スターク

1:04:50 p.284

## 「外科医で魔術師」の代わりに「耳鼻咽喉科医で手品師」と表現

**meet** は「会う」ですが、**A meets B.** の形は「AがBに出会う」ということから、「AとBが交わる・合体する」のニュアンスで理解すればよいでしょう。

 日常会話でこう使う

> **A : Did you see the movie? What kind of movie was it?**
> あの映画見てきたの？ どんな感じの映画だった？
>
> **B : Well, it's like _Star Wars_ meets _Frozen_. Sort of.**
> そうだなぁ、『スター・ウォーズ』と『アナと雪の女王』を足して2で割った、みたいな。そんな感じ。

**ear-nose-throat** と **rabbit-from-hat** は、それぞれの単語をハイフンでつないで名詞化したもの。つまり、**ear-nose-throat** と **rabbit-from-hat** が合体したようなやつだ、ということです。

**ear, nose and throat** は「耳、鼻、喉」、つまり「耳鼻咽喉（科）」を意味します。**ear-nose-and-throat doctor** なら「耳鼻咽喉科医」。
**rabbit from hat** は「帽子からウサギ」、つまり手品師がよくやるトリックの一つですから、「手品師、奇術師」の **magician** を意味しています。
つまりトニーは、ドクター・ストレンジに会ったことがないナターシャに、「彼は耳鼻咽喉科医と手品師を合体した［足して2で割った］ようなやつだ」と

説明したわけです。ナターシャの質問 what kind of doctor was he? は「彼ってどういう種類のドクター（医者）だったの？」ということなので、「彼って何科の医者だったの？」という質問と捉えることもできます。トニーはそれを利用する形でまずは「耳鼻咽喉科（の医者だ）」と科の名前を挙げたと考えることもできるでしょう。

ドクター・ストレンジは医者ですが、彼は耳鼻咽喉科医ではなく外科医（surgeon）または神経外科医（neurosurgeon）です。

人に手品・奇術を披露して楽しませる手品師は、英語では magician「マジシャン」ですが、magician は「magic を使う人」で、magic は「手品、奇術」以外に「魔法、魔術」も指すことから、magician は「魔法を使う人」まさに文字通りの「魔法使い」も指します。

大きなくくりで言うと、「彼は医者でありマジシャンだ」ということになるのですが、正しく言えば「外科医であり魔術師（魔法使い）」となるところを、「耳鼻咽喉科医で手品師」であると答えた、トニーらしいジョークになります。「確かに医者は医者で、マジック（魔法）は使うけど」、それぞれどちらも「ちょっと違うもの」を挙げた、選択の面白さとなるでしょう。

Ear-nose-throat meets rabbit-from-hat. という文は、動詞の meets を中心として、主語の ear-nose-throat と目的語の rabbit-from-hat がどちらも3語をハイフンでつなげた名詞になっています。医者の部分に関しては前述の通り、surgeon なら1語で済むところを3語の連結語という却って長い形にしてまでちょっとズレたことを言っているという面白さがありますが、それに加え、A-B-C meets E-F-G. のようにハイフンでつなげた3語という同じ形を使っているのも、リズム感があってバランスもとれていると言えるでしょう。そういう意味では rabbit-from-hat のリズムに釣り合うようなものとして、またどちらも最後が -t で終わるという共通点もあるため、ear-nose-throat「耳鼻咽喉科」が選ばれたのかもしれません。

魔法使いを表現する言葉には、他に wizard があります。男性の場合は wizard で、女性だと witch「魔女、女の魔法使い」となり、それぞれ「おとぎ話に出てくる魔法使い」のイメージです。他に魔術師を示す言葉として sorcerer という単語も使えます。MCU の世界にも Sorcerer Supreme「ソーサラー・スプリーム（至高の魔術師）」という称号があります。

## Phrase **96** Nice place in the Village, though.

ビレッジのいい所だけどね。　　Bruce Banner ブルース・バナー

1:04:52 p.284

### 最後につける **though**

このように文の最後につける **though** は副詞で、「〜だけどね」というニュアンスを出すことができます。

日本語で最後に「〜だけどね」とつけるのと同じ感覚で、英語の場合も最後に **though** をつければよいということです。

湖畔の家での、モーガンがガレージで青いヘルメットを見つけたという会話でも、以下のように使われていました [0:33:44]。

トニー　　　: Really? Were you looking for it?
　　　　　　ほんとに？ それを捜してたのか？

モーガン　　: No. I found it, though.
　　　　　　ううん。見つけたけどね。

「捜してたってわけじゃないけど（結果として）見つけた」と言っていることになります。

接続詞の **though** は **even though** という形でよく使われ、「たとえ〜でも」という譲歩を表す表現になります。

○ 日常会話でこう使う

### I tried to trust him even though he was a liar.
たとえ彼が嘘つきであっても、私は彼を信じようとしたのよ。

アベンジャーズ本部にスコットが現れる前の、ナターシャとスティーブの会話でも使われていました [0:30:12]。

ナターシャ　: And even though they're gone... I'm still trying to be better.
　　　　　　たとえ彼らが消えたとしても……私はまだよりよくあろうと頑

張ってるのよ。

このセリフの後、「サリバン通りだっけ？」「ブリーカー通りだ」とさらに詳しい通りの話になります。

Village「ビレッジ」はニューヨーク・マンハッタンにある地区のグリニッジ・ビレッジ（Greenwich Village）のこと（Greenwich はグリニッジともグリニッチとも発音されます）。古い町並みの残るおしゃれなエリアとして人気の場所で、会話ではグリニッジはつけずに、単にビレッジと言うことが多いです。

Sullivan Street「サリバン通り」はマンハッタンのグリニッジ・ビレッジにある通りの名前。ワシントン・スクエア・パークに向かって北東に延びています。『インフィニティ・ウォー』で、ドクター・ストレンジがポータルを使って、なかなかハルクに変身できないブルースを飛ばした先がワシントン・スクエア・パークでした。

Bleecker Street「ブリーカー通り」はサリバン通りに対して直角に交わる、北西から南東に向かって延びる通りの名前。今作『エンドゲーム』でも、7ページの解説で紹介したセリフの中で、**the Bleecker Street magician gave away the store**「ブリーカー通りの魔術師は下手な交渉をしたし」とトニーが言っていました。

この直後のブルースのセリフ **on Bleecker and Sullivan** は、ブリーカー通りとサリバン通りの交わる場所あたりにあるということ。サンクタム・サンクトラムの住所は「ブリーカー通り177A」（**177A Bleecker Street**）で、まさにブルースの言った場所にあります。ブリーカー通りに面しており、サンクタムを出て左に進むとすぐにサリバン通りに出ることができます。

『マイティ・ソー バトルロイヤル』では、ロキが突然ポータルに消えた後、**177A Bleecker St** と書かれた名刺が残されていて［0:15:14］、ソーがその住所を訪れドクター・ストレンジと初対面するシーンもありました。

# Phrase 97 Shut the front door.

驚いた［信じられない］。　　　　　　　Bruce Banner ブルース・バナー

1:05:08　p.286

## Shut the front door. 信じられないような驚きを示す表現

Shut the front door. を直訳すると「玄関を閉めろ」ですが、これは「信じられないような驚き」を表す表現です。

shut up は「閉じる、閉める」という意味で、命令形の Shut up! だと「口を閉じろ！」ということから「黙れ！」の意味で使われます。Be quiet!「静かに！」よりもキツいニュアンスになります。

また、この Shut up! は「驚き（surprise）」や「信じないこと（disbelief）」を表現する時にも使われます。「嘘だろ！ まさか！ 信じられない！」というニュアンスです。

「黙れ！ 信じられない！」の意味の Shut up! はこれだけでかなりキツい言い方なのですが、それをさらに強調するためにエフのつく強意語を入れて使うこともあります。同じエフで始まる無難な言葉に置き換えて婉曲に表現したものがこの Shut the front door. で「嘘だろ！ まさか！ 信じられない！」という、強い驚きの表現となるわけです。

『アベンジャーズ』の舞台となった2012年に、ロキの杖（セプター）と四次元キューブという2つのストーンが同じ場所（スターク・タワー）にあったことは、その場にいたトニーとブルースは知っていました。彼らがタイム・ストーンを持っているストレンジに出会ったのは『インフィニティ・ウォー』で描かれた時代の2018年だったので、それぞれ時代が違うために「同じ場所にあった」ということにすぐに気づけなかったという驚きが、この Shut the front door. というフレーズに表れています。

A : You know what? Jim and Molly got back together!
ねえ知ってる？ ジムとモリーがよりを戻したんだって！

B : Shut the front door!
信じられない！

## Phrase 98 Whatever it takes.
何を犠牲にしても。　　　　　　　Steve Rogers スティーブ・ロジャース

1:06:15 p.304

### Whatever it takes.「たとえどんなものがかかったとしても」

whatever は「たとえどんなこと・ものが〜でも、いかに〜でも」という譲歩節として使われます。Whatever it takes. の take は「〜がかかる、〜を必要とする」。わかりやすい例として take 30 minutes「30分かかる」のような「時間がかかる」という意味がありますが、時間以外に「金・労力・犠牲がかかる」という意味でも使われます。

日常会話でこう使う

I don't care how you do it. I don't care what it takes. Just fix the problem!
どのような方法でもかまわない。どんな犠牲を払ってもかまわない。とにかくその問題を解決しろ！

今回のセリフの Whatever it takes. を直訳すると「たとえどんなものがかかったとしても」。目的を果たすために何がかかったとしても、ということなので、上の日常会話の例文に挙げた I don't care what it takes. と同じようなニュアンスで、「たとえ何を犠牲にしたとしても」という意味になります。
この言葉を言う前にトニーは隣のスティーブのほうを見て、スティーブはト

ニーの目を見ながらこの言葉を言っています。トニーもスティーブを見つめ返しています。二人が和解した時、トニーはちょっと冗談っぽく「まあ、すべてを犠牲にはしない［その過程で死なない］ほうがいいがね」的なことを言っていましたが（57ページの解説）、ここでスティーブは「何を犠牲にしても、このミッションをやり遂げる」と宣言し、トニーも犠牲を覚悟の上で臨むつもりであることがこの表情から読み取れるでしょう。

## Phrase 99　As promises go, that was pretty lame.

約束としては、今のはかなりひどかったな。　　Rocket ロケット

1:06:35 p.312

### as ... go「（平均的なものと比較して）〜としては」

as ... go は「（平均的なものと比較して）〜としては、〜の平均・標準レベルから言うと」。... には名詞の複数形が入ります。今回の場合は「平均的な"約束"と比較すると、"約束"というもののレベルで言うと」ということ。約束というものがいろいろある中で、今、お前が言った約束は pretty lame だと言ったことになります。

lame は形容詞で「（説明などが）下手な、まずい、不十分な」。lame excuse だと「まずい言い訳」という意味。約束するにしても、もう少しましな約束のしかたもあるだろうに、今のはレベル的にかなりひどいよな、ということです。

## Phrase 100　See ya in a minute.

またすぐ後で会いましょ。　　Natasha Romanoff ナターシャ・ロマノフ

1:06:40 p.312

### in a minute「すぐに」

minute は「（時間の）分」なので、in a minute は文字通りの「1分後に」という意味にもなりますが、もっぱら「すぐに」（very soon）の意味で使われます。この場合の minute は「瞬間」のニュアンスです。

for a minute だと「ちょっとの間、一瞬」。また、前置詞の for なしの a minute だけでも「ちょっとの間」の意味で使われます。Wait a minute. / Just a minute. なら「ちょっと待って」。

ベネター号の中で、トニーがペッパーへのメッセージを録音していた時のセリフにも使われていました [0:05:18]。

**トニー** : I should probably lie down for a minute.
　　　　　　少しの間、僕は横になったほうがいいみたいだな。

スコットのバンを使ったタイムトラベル実験では、トラベル先で時間が経過しても、本部に再度現れるまでの時間は10秒となるように設定されていました。今回は、タイムトラベル先で様々なミッションをこなすことになっており、かなり時間がかかることが予想されますが、それでも再度ここでみんなと顔を合わせる時は（はっきりとした秒数の言及はないものの）アベンジャーズ本部の時間ではトラベル開始から数秒しか経っていないように設定されているはずなので、「ここでまたすぐに会いましょうね」「じゃあね、と言ってもまたすぐ会えるけどね」という意味で **in a minute**「すぐに」とにこやかな顔で言ったことになります。

# Avengers: Endgame 英和辞典

## A

□ **absolute**
形 完全な、全くの、絶対的な。副詞 absolutely は「完全に、全く」で、誰かの発言に対して Absolutely! と言うと、「全くその通り！」という意味の返事になる

□ **accidentally**
副 偶然に、図らずも

□ **Aether**
名 エーテル。英語の発音は「イーサー」。エーテル（aether 以外に ether と表記されることもある）は元々、古代ギリシャで「天空上層の空気」を表す言葉。四大元素（火・空気・水・土）に加え、天体を構成する天上の第5の元素として、アリストテレスによって「エーテル」の名前が提唱された。17世紀に提唱された光の波動説では、宇宙に充満し光の波を伝える媒質があるとされ、その媒質はエーテルと名付けられたが、後にそのエーテルの存在は否定された。現代科学では、エーテル結合を持つ有機化合物、または溶媒のジエチルエーテルを指すが、その揮発性の高さから天界の物質であるエーテルの名前が取られている。リアリティ・ストーンであるその物質をエーテルと呼ぶのは、古来の天空・天界の物質のイメージからだと思われる

□ **amend**
動 修正する、改める。the Amendments は「（アメリカ憲法の）修正条項」を指す

□ **and everything**
その他何やかや

□ **and otherwise**
〜とそうでないもの・その他。トニーのセリフでは all youse alive and otherwise となっているので、「生きている君らや、そうじゃない死んでしまった」彼ら全員という意味

□ **and yet**
接 それなのに、それにもかかわらず

□ **ankle monitor**
名 足首モニター。『シビル・ウォー』で、ソコヴィア協定に反対するスティーブ側についたアベンジャーズのメンバーはラフト刑務所に収監されたが、家族のいるクリント・バートン（ホークアイ）とスコット・ラング（アントマン）は自宅軟禁（house arrest）となった。家から出ていないことをGPSで監視するために、クリントとスコットの両者は足首にこのようなモニターをつけることが義務付けられている。娘に弓を教えるクリントの足元を映すことで、彼がまだ自宅軟禁の状態であることを示している

□ **apiece**
副 各自に、めいめいに。ここでは「それぞれに点が入って同点」

## B

□ **back**
名 背中、（背骨側の）腰。腰を痛めたり、ぎっくり腰になったりして、Oh, my back! 「あぁ、腰が！」と叫んでいるシーンは映画やドラマでよく見かける。日本語では「腰（が）！」だが英語の場合は my という所有格がつくことに注意

□ **Back to the Future**
名 1作目が1985年公開、全部で3部作となる映画『バック・トゥ・ザ・フューチャー』シリーズ。この前のスコットの発言にあった「過去の自分自身と話さない、スポーツイベントで賭けをしない」はどちらも『バック・トゥ・ザ・フューチャーPART2』に出てきた内容。『PART2』では、1作目で過去に戻った主人公マーティと2作目で過去に戻ったマーティの両方が、同じ1955年に存在しており、ドクに「もう一人の自分と鉢合わせしないように気をつけろ」と何度も注意されていた。『スポーツイベントで賭け』は、未来（2015年）の老人ビフが「デロリアン」を使ってタイムトラベルし、スポーツ競技の全記録が載っている「スポーツ年鑑（Sports Almanac）」を、過去（1955年）の高校生だった自分に渡したために、試合結果を知っている過去のビフが賭けで億万長者になり歴史が変わってしまった、という内容を指している。『バック・トゥ・ザ・フューチャー』と『アベンジャーズ／エンドゲーム』は音楽を担当している人物が共通していて、どちらもアラン・シルヴェストリが手掛けている

□ **ballet shoes**
名 バレエシューズ。スティーブがナターシャの前に座る時、画面の手前の椅子の上に、バレエシューズが置いてあるのが見える。『エイジ・オブ・ウルトロン』でナターシャがスカーレット・ウィッチによって見せられた幻影の中で、バレエを踊っている少女たちの映像が出てくるが [0:49:39]、スパイになるよう育てられた自身の過去にまつわる記憶であることが示唆されている

□ **bananas**
形 頭がおかしい、ひどく怒った

□ **beatable**
形 負かすことができる、倒せる。対義語は unbeatable「負かすことができない、倒せない、無敵の」。動詞 beat は「（敵を）打ち負かす、やっつける」

□ **Ben & Jerry's Hunk of Hulk of Burning Fudge**
名 ベン&ジェリーズのハンク・オブ・ハルク・オブ・バーニング・ファッジ。ベン&ジェリーズは実在するアイスクリームのブランド名で、MCUの世界ではハルクの名のついたそのフレーバーが存在することになっている（残念ながら現実世界には存在しない）。『インフィニティ・ウォー』で、そのフレーバーはストレンジとウォンのお気に入りだとウォン自身が語っていた [0:14:58]。ラフに発音すると「ハンカ・ハルカ・バーニン・ファッジ」のように聞こえるので、ネット上では Hunka-Hulka Burnin' Fudge と表記されていることもある。この『エンドゲーム』のシーンでは、カップに BEN & JERRY'S hunka hulka

BURNIN' と読めるロゴがチラッと映っているので、これがウォンの言っていたそのフレーバーだとわかる。ハルクの名のついたフレーバーをハルク（ブルース）自身が食べている姿が見られるという、一種のファンサービス

□ **Bill & Ted's Excellent Adventure**
名 1989年のアメリカ映画で、邦題は『ビルとテッドの大冒険』。主人公の高校生テッドを演じるのはキアヌ・リーブス。電話ボックス型のタイムマシンが登場する。1991年には続編『ビルとテッドの地獄旅行』（原題: Bill & Ted's Bogus Journey）、2020年には29年ぶりの続編となる『ビルとテッドの時空旅行 音楽で世界を救え!』（Bill & Ted Face the Music）が公開された

□ **blow a raspberry**
動 ブーという音を出す。口でおならの音を真似る感じで、その音を出すことで、やじや不満を示すこともできる

□ **Blue Meanie**
名 ブルー・ミーニー。1968年のビートルズのアニメ映画『イエロー・サブマリン』に出てくる青い肌のキャラクター

□ **bud**
名 お前。buddy の略

□ **Build-A-Bear**
名 「ビルド・ア・ベア ワークショップ」（Build-A-Bear Workshop）のことで、ぬいぐるみを手作りすることができるチェーン店の名前。ここでは、その店で作ったぬいぐるみかと思ってた、ということ

□ **butt**
名 尻。ass「ケツ」ほど下品ではない言い方

□ **buy**
動 （時間を）稼ぐ。buy someone time で「（人）のために時間を稼ぐ」

## C

□ **Calm down.**
落ち着け、冷静になれ

□ **Captain Marvel**
名 キャプテン・マーベル。前作『インフィニティ・ウォー』のラストでは、フューリーが灰・塵になる寸前にポケベルを操作し、キャプテン・マーベルのエンブレムが表示されたところで映画が終わっていた。その後に公開された『キャプテン・マーベル』で、キャロル・ダンヴァース（キャプテン・マーベル）がフューリーに、自身の手でアップグレードしたポケベルを渡す姿が描かれている [1:48:39]。その映画のミッドクレジットシーンでは、アベンジャーズ本部で、サノスのスナップによる消滅から免れたメンバーがポケベルからの送信を続けようとしており、そこにキャプテン・マーベルが現れ Where's Fury?「フューリーはどこ?」と言うところでそのシーンは終わっていた。キャロルが For emergencies only, okay?「緊急事態の時だけよ、いい?」と言って渡したポケベルをフューリーが使ったので、その事態の重さを悟り、地球にやってきたということがわかる

□ **cartel**
名 カルテル、国際的な企業連合

□ **celestial**
形 宇宙の、天の、天国の。celestial being なら「天人」。MCUの世界では、Celestials「セレスティアルズ」と呼ばれる種族がいて、『ガーディアンズ・オブ・ギャラクシー：リミックス』にもエゴという名のセレスティアルズが登場した

□ **census**
名 人口調査、国勢調査

□ **check out**
動 正確である、事実と一致する

□ **chop**
動 切る、叩き切る

□ **clue**
名 手がかり、糸口、ヒント

□ **coin**
動 coin は名詞で「硬貨、コイン」だが、動詞では「（硬貨を）鋳造する」となり、その「鋳造する」という感覚から「（新しい言葉・新語を）造り出す」という意味でも使われる。「後に多くの人々に広く使われるようになった言葉を最初に造り出す」というニュアンス。a newly coined word なら「新しく造られた語、新造語」

□ **compassion**
名 思いやり、同情

□ **compost**
動 堆肥（たいひ）を施す・作る

□ **confuse**
動 「（人を）混乱・困惑させる」という他動詞で、「私は混乱・困惑している」と言いたい場合には、「私は何かに混乱させられている」という受動態の形で I'm confused. と表現する。次のセリフの confusing は「（人を）混乱させるような」。confuse の過去分詞形と現在分詞形が連続して使われていることになる

□ **correct**
形 正しい、その通りの。That's correct. ということで、このセリフのように一言 Correct. だけもよく使われる

□ **corrosive**
形 腐食性の、（社会や人の精神を）むしばむ

□ **crap**
名 たわごと、くだらない話。元々の意味は「うんち」

□ **cricket**
名 コオロギ。レタスにたくさんのコオロギ載せたのをランチに食べるか? それが好物だろ? とモーガンが嫌がりそうなことをわざと言ってみせている。なお、コオロギは近年、次世代たんぱく質の昆虫食

「コオロギフード」として注目されている食材でもある

□ **cure**
名 治療法、解決策

**D**

□ **dab**
名「ダブ」はポーズ、ジェスチャーの名前。片方の腕の肘を曲げて、もう一つの腕はそれに平行になるように斜め上に伸ばし、曲げた腕の肘に顔を下げる［埋（うず）める］というポーズ。2015、2016年頃からアメリカで流行し始め、勝利、成功のイメージで使われることが多い。ここでブルースが Dab. と言いながらやっているポーズは、顔を下げていないので厳密な意味でのダブポーズではないが、「あのハルク」が子供たちにウケそうなポーズを進んでやっているという面白さだと思われる。このシーンはスナップから5年後の2023年なので、その頃に流行っているとは思えないような時代遅れのポーズをやっているという面白さもあるのかもしれない

□ **dead in the water**
形 （船などが）動かない、全く成功しそうにない、暗礁に乗り上げて

□ **deal**
名 取引、契約。It's a deal! なら「それでいい、それで決まりだ、それで手を打とう」という決まり文句

□ **Dear Mr. Fantasy**
名 イギリスのロックバンド、トラフィック（Traffic）が1967年に発表した曲「ディア・ミスター・ファンタジー」。彼らの1枚目のアルバム『ミスター・ファンタジー』（Mr. Fantasy）に収録されている。マーベルのロゴが出た後、ペーパーフットボールの銀紙を支えているトニーの指が映るタイミング［0:02:32］で、歌詞に make it snappy という言葉が出てきて、その後、曲がフェードアウトする。歌詞としては happy/snappy で韻を踏んでいるのだが、トニーの「指」が映るタイミングと snap「スナップ」の形容詞形 snappy の歌詞

を合わせるのが、「指をスナップする」ことを連想させる

□ **decomp**
名 = decomposition「分析、分解」

□ **definitely**
副 確かに、間違いなく、確実に

□ **dickhead**
名 （スラング）バカ、アホ

□ **Die Hard**
名 1988年のアメリカ映画『ダイ・ハード』。ブルース・ウィリスが、たった一人で悪と戦う、運は悪いがタフな刑事ジョン・マクレーンを演じる。スコットが名前を挙げた後すぐ否定したように、この映画にはタイムトラベルは出てこない

□ **discombobulated**
形 混乱・困惑した

□ **do one's laundry**
動 洗濯する。laundry は集合的に「洗濯物」を指す

□ **dominion**
名 支配、領土、領地

□ **Doom and Gloom**
名 イギリスのロックバンド、ザ・ローリング・ストーンズ（The Rolling Stones）の2012年のヒット曲「ドゥーム・アンド・グルーム」。デビュー50周年を記念した50曲入りベストアルバム『GRRR!』に収録された新曲2曲のうちの1曲。doom は「悪い運命、破滅、死」、gloom は「暗闇、陰鬱、憂鬱」で、その二つを合わせた doom and gloom は「（希望が持てない）暗くて絶望的な状態」を意味する

□ **do-over**
名 やり直し。動詞 do over が「〜をやり直す・もう一度する」という意味なので、それをハイフンでつないで名詞化した形が do-over となる

□ **drift off**
動 知らない間に眠る、居眠りする。

drift off to sleep とも言う

□ **drop in**
動 ちょっと立ち寄る、ひょっこり訪ねる。近年、日本でもオフィスやコワーキングスペース（co-working space）で「ドロップイン」という言葉が聞かれるようになったが、これも「短時間立ち寄る」という意味

**E**

□ **Easy.**
（間投詞的に）気をつけて、慎重に、落ち着いて

□ **eigenvalue**
名 固有値。eigen はドイツ語で、英語の own の意味。量子力学や線形代数では固有値を表す用語としてこの単語が使われている

□ **elixir**
名 万能薬。cure-all も同じ意味

□ **enormous**
形 莫大な、非常に大きい

□ **EPR paradox**
名 EPRパラドックス。確率的な考え方を伴うボーアのコペンハーゲン解釈に対し、「神はサイコロを振らない」と言って反発したアインシュタインが、ポドルスキー、ローゼンと共に1935年に発表した論文での思考実験で示された。3人の頭文字を取ってEPRパラドックスと呼ばれる

□ **except**
接 〜ということを別にすれば、ただし〜ということを除いて。二人の会話は It's probably a rival gang. — Except it isn't. となっていて、「ライバルギャングのしわざよ」と言ったナターシャに対して「そいつらのしわざじゃないが、ってことを別にすればね」→「実際のところはライバルギャングのしわざじゃないんだよ」という意味になる

□ **Excuse me?**
なんだって？ Excuse me. と言えば「失礼ですが」という訳がまずは思

い浮かぶが、文の語尾を上げると I beg your pardon? のような相手に聞き返す表現となる。強めの言い方だと「なんだって? 今の発言は聞き捨てならないな」という非難のニュアンスになる

☐ **existential**
形 存在の、実存の。exist なら動詞「存在する」、existence なら名詞「存在」

☐ **expertise**
名 専門的知識。expert「エキスパート、専門家、熟練者」の関連語。outside of one's area of expertise は「専門知識の領域外で、専門知識分野から外れている」、つまり一言で言うと「専門外で」となる

☐ **extortion**
名 ゆすり、強要、強奪

**F**

☐ **factor in**
動 ～を計算に入れる・織り込む。名詞の factor は「要因、要素、因数、因子」

☐ **fix**
動 修復する、修理する

☐ **fluke**
名 まぐれ（当たり）、幸運（な出来事）

☐ **fuzzy**
形 ぼやけた、（映像が）乱れた

**G**

☐ **garbage**
名 ゴミ、がらくた、廃物

☐ **go out**
動 機能しなくなる、止まる、消える

☐ **goddamn**
形 強意語で「いまいましい、ばかばかしい」というニュアンス。damned も同じ意味。言葉としてはっきり「いまいましい電話」と和訳す

るほどのあからさまな悪口ではないが、気まずい気分にさせられたスコットのいらいらがこの言葉ににじみ出ている

☐ **got a shot at**
動 got = have で、have a shot at は「～を狙い撃つ」と「～を試みる・やってみる」という二つの意味がある。ここでは後者で「ストーンを取り戻すことに挑戦してみる」ということ

☐ **Got it.**
わかった。I got it. の主語が省略された形

☐ **got something on one's mind**
動 got = have で、have something on one's mind は「心に何かがある」→「気になることがある、考え事がある、考えが頭に浮かぶ」

☐ **ground zero**
名 ゼロ地点、爆心地

☐ **grovel**
動 ひれ伏す、屈服する、腹ばいになる、はいつくばる

☐ **guilt**
名 罪、罪悪感、うしろめたさ、自責

☐ **guys**
名 複数の人に対する「みんな、あなたたち」を意味する呼び掛け語。複数の人に会った時の挨拶で、Hey, guys.「やあ、みんな」などと使う。a guy という単数形は「男、やつ」という意味だが、複数形の guys は男女混合でも、そして女性だけに対しても使える

**H**

☐ **handful**
名 ひとつかみ、ひと握り

☐ **handle**
動 取り扱う、対処する

☐ **hang**
名 ブラブラして友達と時間を過ごすこと。その意味では句動詞 hang out がよく使われる

☐ **harshly**
副 厳しく、過酷に

☐ **hip**
名 腰。日本語の「ヒップ」は「尻」の意味だが、英語で尻は butt になる

☐ **Hot Tub Time Machine**
名 2010年のアメリカのコメディ映画で、邦題は『オフロでGO!!!!! タイムマシンはジェット式』。中年男性3人組が旅行先で、ジェットバス（ジャグジー）で酒を飲んで眠ってしまったら過去にタイムトラベルしていた、という話。たくさんの映画が挙げられる中で、この映画だけ2回名前が繰り返されているが、前作『インフィニティ・ウォー』に登場し、サノスのスナップで消えてしまったバッキー・バーンズ（ウィンター・ソルジャー）を演じるセバスチャン・スタンが、この映画にブレインという役柄で出演している

☐ **Humie**
名 human「人間」を変形した言葉で、ロケットが人間（地球人）を指して言う言葉。発音は「ヒューミー」。『ガーディアンズ・オブ・ギャラクシー』でもクイルのことを humie と表現していた

**I**

☐ **I get it.**
わかる、わかってる

☐ **if it wasn't for**
もし～がなければ。現在の事実とは反対の仮定を表す仮定法の表現

☐ **if you don't mind my asking**
「俺が質問することを君が気にしないなら」→「君へ質問しても問題ないのなら尋ねるが」

□ **I'm happy for you.**
「君のために幸せな気持ちでいる」→「君の幸せを僕も共に喜んでいる、僕も嬉しく思っている」

□ **I'm kidding.**
冗談だよ。動詞 kid は「(冗談などを言って) 人をからかう」。I'm joking. とも表現できる

□ **in one piece**
副 ばらばらにならずに、無傷で、無事に

□ **infectious**
形 感染性の、伝染性の。名詞形は infection「伝染、感染、伝染病、感染症」

□ **invert**
動 逆転・反転する、ひっくり返す、裏返しにする

**J**

□ **Jolly Green**
名 Jolly Green Giant「ジョリー・グリーン・ジャイアント」というキャラクターの名前から。Green Giant は冷凍野菜、缶詰野菜のブランド名で、2015年まではアメリカの食品会社ゼネラル・ミルズ社がそのブランドを所有、現在はアメリカの食品会社 B&G Foods 社がそのブランドを保有している。その Green Giant というブランドのキャラクターが Jolly Green Giant で、jolly「陽気な、愉快な」というその名の通り、いつもにこにこしている全身緑色の巨人である

**K**

□ **kiddo**
名 子供への親しい呼び掛け語

□ **kill the power**
動 パワー (電源) を切る。動詞 kill は「(生き物を) 殺す」という意味で広く使われ、基本的な意味は「(生き物を) 死なせる」。そして「殺す、目的語を死なせる」ということから、「(動きを) 止める、中止する、消す」という意味にもなり、「電源・パ

ワーを切る (turn off the power)」という時にも使われる。この意味では、kill (キル)＝「切る (キル)」と同じ音になるということ。「消す」の意味では kill the pain で「痛みを消す」という意味になり、「痛み止め (の薬)、鎮痛剤」は英語でpainkiller となる

**L**

□ **last**
動 続く、存続する。ever-lasting love なら「永遠に変わらぬ愛」

□ **laughable**
形 ばかばかしい、ばかげた

□ **Lebowski**
名 リボウスキ。1998年のアメリカ映画『ビッグ・リボウスキ』(The Big Lebowski) の主人公、ジェフリー・"デュード"・リボウスキのこと。ジェフリー・リボウスキという名前の男性が、同姓同名の大富豪と間違えられることから始まる話で、主人公は自分のことを The Dude (ザ・デュード、「野郎」という意味) と呼び、大富豪は通称「ビッグ・リボウスキ (The Big Lebowski)」と呼ばれている。主人公のデュードはダメ男で、太った体型、髪型やひげ、グラスが手放せない様子が今のソーに似ている。デュード役のジェフ・ブリッジスは、『アイアンマン』でトニーの敵役オバディア・ステインを演じた

□ **little person**
名 「ちびっこ (さん)」という感覚。複数形の little people なら「ちびっこたち」

□ **lockbox**
名 ロック (錠) のかかる箱。銀行の貸金庫という意味もある

□ **Long time no see.**
久しぶり。長らく会っていなかった人に久しぶりに会った時に使われる表現。文法的に不思議な語順になっているが、「久しぶり」を意味する中国語「好久不見」を英単語に置き換えたものとのこと

□ **look out for**
動 ～に気を配る、～に注意する

□ **low**
形 (数量が) 低い、少ない。〈low＋数詞〉だと「(数字の) 前半」という意味になる。He is in his low 30s. なら「彼は30代前半です」となり、このように low 30s と表現できるのは33歳くらいまでとなる。トニーのセリフの in the low 6 to 900 range は in the low 600 to 900 range ということで、600前半から900までの範囲を指す

**M**

□ **Maguna**
名 マグナ。トニーが娘を呼ぶ時のニックネーム。この直後のセリフから、娘の名前はモーガン (Morgan) だとわかるが、Morgan と Maguna は m-g-n の子音が同じなので、音的に似通った部分はあると言える。「モーガンがもっと小さかった頃、自分の名前を上手に発音できなくてそれがマグナに聞こえた。トニーはそれを娘のニックネームとして使っているのでは?」というファンの解釈もあるらしく、ニックネームの由来として納得できる話に思える

□ **make conversation**
動 世間話をする、無理に話題を作る。その人と話したくて会話するのではなく、沈黙が続いて相手に失礼にならないように、まさに直訳通りの「会話を"作る"」というイメージ。「雑談、世間話」を意味する small talk と同じ意味類のものとなる。「(人と) 会話をする」と言いたい場合は、have/hold a conversation (with someone) のように、動詞は have や hold を使う

□ **make one's point**
動 主張を通す、自分の主張が正しいことを示す

□ **make sense**
動 意味をなす、なるほどと思える、道理にかなっている、筋が通っている

□ **mate**
名「友達」という意味で、ここでは友達に対する呼び掛け語として使われている。アメリカ英語ではbuddyだが、イギリス英語やオーストラリア英語ではmateとなり、どちらも主に男性に対して使われる

□ **me me**
代 俺の俺。Or just me.「もしくは（赤ちゃんでも老人でもない）ただの俺か」でもよいわけだが、baby me / old meとの比較で、meの前に何かつけるとしたら、me meになった、というところ

□ **microscopic**
形 顕微鏡の、顕微鏡でしか見えない（ほど小さい）、極微の

□ **mind**
動 気をつける、注意する

□ **Möbius strip**
名 メビウスの帯。またはMöbius loop「メビウスの輪」とも呼ばれるもの。テープ状のものを一度ひねって端と端をくっつけた形状で、表裏を区別することができない曲面となるものを指す。このセリフの後、実際にその形状がホログラムで表示されるが、その神秘的な形状から「循環、無限、過去への回帰」などを想起させ、芸術・文学的なモチーフとしてもよく使われる。その名前はドイツの数学者メビウスから取られている。ウムラウトと呼ばれる記号のついたöはドイツ語で「エ」に近い音になるため、日本語ではもっぱら「メビウス（の輪）」として広く知られているが、トニーは「モ（ゥ）ピアス」という英語読みで発音している

□ **Morgan**
名 モーガン。前作『インフィニティ・ウォー』のトニーとペッパーの会話で、トニーは子供が生まれる夢を見たと言い、「その子に君の変わり者のおじさんの名前を付けた。えーっと、おじさんの名前、何だったっけ? モーガン! モーガンだ」と言っていた[0:11:52]。その続編である今作『エンドゲーム』で、モーガンという名前の娘が実際に登場したという

こと。モーガンという名前は、俳優のモーガン・フリーマンなどから男性名のイメージが強いかもしれないが、男性女性の両方で使われる名前で、特にアメリカではモーガンが女性名として使われることはよくある。マーベル・コミックスにもモーガン・スタークという人物が登場するが、男性でトニーの従兄弟（いとこ）だった

□ **mule**
名 （動物の）ラバ、頑固者

### N

□ **nah**
間「いいや」を意味する否定語。つまり、noの別の言い方ということで、発音は「ナー」

□ **navigate**
動 航行する、操縦する

□ **nope**
間 noの口語。yesの口語はyepとなる。yep/nopeの発音はそれぞれ「ヤップ、ノップ」

□ **not bad**
形「悪くない」ということだが、「なかなか・けっこう良い」というニュアンス

### O

□ **offer**
動 offer to do（良かったら）〜しようと申し出る

□ **one shot**
名 一度きり、1回限り

### P

□ **perfect**
動 完全にする、完成させる、仕上げる。「完全な、完璧な」という形容詞の意味でよく知られているが、ここでは「パーフェクトにする」という意味の動詞として使われている。ネビュラはサノスの改造によって体の一部が機械になっており、サノスが自分に対して改造・改良を繰り

返してきたことを動詞perfectで表現している

□ **permanent**
形（変化せずに）永続する、恒久的な、不変の。直前のセリフのlast forever「永遠に続く」を形容詞で言い換えたものとなる。対義語は、impermanent「永続しない」で、その名詞形がこの文の最後に使われているimpermanence「非永続性、永久でないこと、はかなさ」。「永続するのは"永続しない"ということだ」「変わらないのは変わるということだ」と逆説的な言い回しで表現したことになる

□ **piece**
名 破片、断片。in piecesは「ばらばらになって、だめになって」

□ **ping**
動 ソナーで場所を特定する

□ **pipe dream**
名（幻のような）夢物語、幻想、（空想的な）絵空事

□ **place their hands in the center**
動 手を中央に置く。この時の映像が、トニーの初期のアーク・リアクターの形を模したものとも言われている

□ **pod**
名（クジラ・イルカなど海生生物の）群れ。a pod of whalesは「クジラの群れ」

□ **portal**
名（宮殿など豪華な建物の）入口、門。そこから単に「入口」も指す。インターネットサイトの「ポータル」も「他のウェブサイトへのリンクをはってある、入口のサイト」ということ。MCU作品では、別の場所に転送する際に開く入口、穴を指している。ドクター・ストレンジやウォンが魔術を使って開く、またはスペース・ストーンによって開かれることもある

☐ **practical**
形 実用的な、役に立つ

☐ **proportion**
名 「プロポーション」というカタカナ語の通り「割合、比率、釣り合い」という意味があるが、複数形で「大きさ、規模」という意味になる

☐ **puppy**
名 (特に1歳未満の)子犬

**Q**

☐ **Quantum Leap**
名 1989年から1993年にかけて全5シーズン放送されたアメリカのSFテレビシリーズで、邦題は『タイムマシーンにお願い』。タイトルの quantum leap は物理学用語で「量子飛躍」だが、「大飛躍、めざましい飛躍・進歩」の意味で一般的にも使われる。主人公のサムが量子飛躍で様々な時代にタイムトラベルする

**R**

☐ **raccoon**
名 アライグマ。racoon と綴ることもある。ここではアライグマ型クリーチャーのロケットのこと

☐ **Ratchet**
名 ラチェット。一般的に ratchet は「歯止め」や「爪車 (つめぐるま)」と呼ばれる機械の部品を指すが、ここではゲーム「ラチェット&クランク」(Ratchet & Clank)に登場するキャラクター「ラチェット」のこと。ラチェットはロンバックスという種族で、見た目はネコのような姿をしており、機械などのメカニックに強いという設定。ラチェットとロケットは、名前も見た目も、またメカに強いところも似ており、今まさに機械をいじっているロケットの姿とも重なる

☐ **realm**
名 領域、範囲、部門、界

☐ **recon**
名 reconnaissance の略。偵察、調査

☐ **reduce**
動 減らす、縮小する。reduce to だと「〜に帰する」

☐ **regardless**
副 とにかく、それでも、いずれにしても

☐ **render**
動 「表現する、描写する」という意味から、コンピュータ用語で「(データを計算処理して)描画・画像で表示する」という意味で使われる

☐ **resentment**
名 怒り、憤り

☐ **ridiculously**
副 ばかばかしいほど、ばかげているほど (ものすごく)。形容詞 ridiculous「ばかばかしい」の副詞形で、「ばかばかしいほど」→「通常では考えられないほど、ものすごく」という強調の意味を表す

☐ **rip his Arc Reactor from his chest**
動 胸からアーク・リアクターを引きちぎる。『インフィニティ・ウォー』のトニーとペッパーの会話で、トニーはアーク・リアクターのことを this is detachable.「これは取り外せるんだよ」と言っていた [0:12:14]。今回のシーンでその発言通り、取り外せることがわかったことになる

☐ **Ronin**
名 ローニン。原作のマーベル・コミックスでは、あるキャラクターがその身元を隠し、別人として行動する時に使われる名前で、複数のキャラクターが「ローニン」として活動している。「ローニン」の語源は、日本語の「浪人 (主家を去った武士)」。日本の武士のように刀を使うことも多く、今回のローニンが刀を使っていたり、舞台が東京であったりするのはそのため

**S**

☐ **scow**
名 (鉱石や廃棄物などを運搬する)大型平底船

☐ **screw up**
動 〜でへまをする・大失敗する、〜を台無しにしてしまう

☐ **sedative**
名 (興奮を和らげる)鎮静剤

☐ **self-pity**
名 自分への哀れみ、自己憐憫

☐ **serve**
動 (食事や飲み物を)出す

☐ **shorthanded**
形 人手が足りない。ハイフン付きで short-handed とも表記する

☐ **shove**
動 押し込む、突っ込む

☐ **sideways**
副 横に、斜めに

☐ **sludge**
名 泥、ぬかるみ、ヘドロ

☐ **Somewhere in Time**
名 1980年のアメリカ映画で、邦題は『ある日どこかで』。リチャード・マシスンの小説を映画化したもので、主人公リチャード・コリアーがある老女からメッセージを受け取り、その後、1912年に時間旅行して彼女と再会する

☐ **son of a bitch**
名 ちくしょう、この野郎、クソ野郎

☐ **sorta**
副 sorta = sort of で、「多少、いくらか」

☐ **spectral**
形 スペクトルの。名詞形は spectrum「スペクトル」

☐ **Star Trek**
名 1966年開始のSFテレビドラマ『スター・トレック』。その後、何度も映画になり、新たなテレビシリーズも作られている。『キャプテン・アメリカ／ウィンター・ソルジャー』の最初のほうのシーンで、70年間氷漬けだったスティーブが、覚えて

おくべきリストのようなメモをつける場面があり、そのメモに Star Wars/Trek と書かれていた [0:02:39]。スター・ウォーズのほうは斜線で消したようになっていたためすでに視聴済みのようだが、スター・ウォーズとスター・トレックが must-see（見るべきもの、必見）であると誰かに聞いたらしいことがこのメモからわかる

☐ **starving**
形（飢え死にしそうなほど）腹ぺこな。動詞 starve は自動詞「飢え死にする、餓死する」、他動詞「（人を）飢え死にさせる、餓死させる」

☐ **stroke**
動（キーを）打つ。名詞の stroke に「（水泳の）ひとかき、ストローク」という意味があり、「ひと打ち」から、「（キーボードの）ひと打ち」という意味にもなる

☐ **subduction**
名 プレートの潜り込み（現象）。動詞は subduct「（あるプレートが別のプレートの下に）潜り込む」

☐ **suit**
名 ひと揃い。a suit of armor だと「アーマー（よろい）ひと揃い」

☐ **Supersonic Rocket Ship**
名 イギリスのロックバンド、ザ・キンクス（The Kinks）の1972年のヒット曲「スーパーソニック・ロケット・シップ」。意味としては「超音速ロケット船」ということ。シーンで使われている部分ではないが、後の歌詞で「俺のこの船ではみんな平等で、マイノリティへの抑圧もない」という内容が歌われていて、はみ出し者で寄せ集めのガーディアンズの船ベネター号に合っていると言える。また、他のメンバーがいなくなった今はロケットが操縦し彼の船のようになっているので、「ロケット・シップ」は「ロケットの船」という意味だと考えてもしっくりくる

☐ **surge**
名 急な高まり、急上昇

☐ **T**

☐ **taco**
名 メキシコ料理のタコス。日本では「タコス」という名前で浸透しているが、tacos というのは複数形で、1個のタコスを指す場合は単数形の taco になる

☐ **tearjerker**
名 涙を誘うもの、泣けるもの、お涙頂戴もの

☐ **tension**
名 緊張、緊迫

☐ **Terminator**
名 1984年のアメリカ映画『ターミネーター』。正式な原題は The Terminator のように the がつく。監督は『タイタニック』『アバター』のジェームズ・キャメロン。未来から送り込まれたアンドロイドをアーノルド・シュワルツェネッガーが演じ、シリーズ1作目は少年ジョンを殺そうとする敵、2作目は少年ジョンを守ろうとする味方と役柄が大きく変わる

☐ **test run**
名 テストラン、テスト走行、試運転

☐ **Thank God.**
ありがたい、良かった。Thank God SV. だと「SV で良かった」

☐ **thing**
名 thing は「もの、こと」を漠然と指すニュアンス

☐ **throw up**
動 吐く、もどす。「吐く」を意味する単語には一語で vomit という動詞もあるが、口語ではこの throw up がよく使われる

☐ **Time After Time**
名 1979年のアメリカ映画『タイム・アフター・タイム』。H・G・ウェルズの発明したタイムマシンが何者かに悪用されてしまい、ウェルズが犯人を追跡するため未来にタイムトラベルする。H・G・ウェルズは『タイム・マシン』『透明人間』『宇宙

戦争」などの小説で知られ、「SFの父」と呼ばれる作家。映画には、同時代にロンドンを震撼させた連続殺人犯「切り裂きジャック（Jack the Ripper）」も登場する

☐ **Timecop**
名 1994年のアメリカ映画『タイムコップ』。主演はジャン＝クロード・ヴァン・ダム。彼はタイムマシンを悪用した犯罪に対抗する「時空犯罪捜査官（タイムコップ）」の一員

☐ **tiny**
形 ちっちゃな、ちっぽけな、とても小さい

☐ **Tønsberg**
名 ノルウェーの都市トンスベルグ。トンスベルグという地名はこれまでのMCU作品で何度も登場している。『マイティ・ソー』では、西暦965年のトンスベルグが描かれており [0:03:34]、ヨトゥンヘイムの氷の巨人［フロスト・ジャイアント］の侵略を受けた地球を助けにやってきたのがアスガルドのオーディン王だった。『ザ・ファースト・アベンジャー』では、1942年のトンスベルグでヒドラのシュミット（レッドスカル）が四次元キューブを見つける [0:07:20]。『バトルロイヤル』には、ノルウェーにいた父オーディンにソーとロキが会いに行き、命が尽きる前、父は二人の息子に Remember this place. Home.「ここを覚えておけ。故郷だ」と言う [0:21:41]。このように、ソーの父であるオーディン王にとってトンスベルグはゆかりのある特別な場所であり、ソーたちアスガルド人はそこに新しい国を建国したということ。また、地球人の側から見てみると、オーディンやソーは北欧神話に伝わる神々の名前なので、MCUの世界では「遠い宇宙から地球にやってきたアスガルド人が北欧神話の神の名として残り、現代になってその神話の中の登場人物だった彼らが本当に地球にやってきた」という面白さにもなっている

☐ **Toronto**
名 トロント。カナダの都市でオン

タリオ州の州都。トニーは『インフィニティ・ウォー』でサンクタムを訪れており、ストレンジのことを「ブリーカー通りの魔術師」と呼んでいたので、彼がニューヨークのビレッジに住んでいることは当然知っていながら、彼の住所などどうでもいいというようにわざと違う地名を言っている。ただ全くのでたらめを言わないのがさすがはトニーというところで、トニーは今回の会話では「ブリーカー通り」という名前は出さずに「サリバン通り」のほうだけを言っているが、実はトニーが言ったトロントにも「サリバン通り (Sullivan Street)」が存在する。グレンジパーク (Grange Park) という公園に向かって東に延びる通りの名前

□ **tremor**
名 揺れ、震え、弱い震動、小さな地震

□ **trillion**
名 兆。million が100万で、billion が10億、trillion が1兆となる。さらに大きな数えきれないほどの数字を言いたい場合には zillion という単語が使える

□ **turn out**
動 結局〜であることがわかる、結果的に〜になる

□ **'twas**
it was の縮約形

**U**

□ **unpredictable**
形 予測できない、予測不可能な。動詞は predict「予測する、予知する」

□ **U-STORE-It**
名 個人の持ち物を保管する倉庫 (self storage) の名称。You store it.「あなたはそれを保管する」という意味のネーミングになっている

**V**

□ **Valkyrie**
名 ヴァルキリー。『マイティ・ソー

バトルロイヤル』に登場。ブルースは彼女のことを angry girl と呼んでいるが、『バトルロイヤル』でハルクの姿の時に彼女をそう呼んでいた [1:06:26/1:10:07]。ヴァルキリーというのは、アスガルドの玉座を守る誓いを立てた、女戦士たちの精鋭部隊 (an elite force of women warriors) のこと。そのヴァルキリー部隊の一員 (a Valkyrie) という意味で、みんなは彼女のことを Valkyrie と呼んでいる。ヴァルキリーも北欧神話に出てくる女性 (たち) の名前で、馬で天を翔け、戦死した者たちの魂をヴァルハラに導くとされている。ヴァルキリー (Valkyrie) というのは英語表記で、古ノルド語ではヴァルキュリア (Valkyrja,「戦死者を選ぶ者」という意味) となる。日本語では「ワルキューレ」という名前で知られているが、それはドイツ語表記の Walküre から来ている。『ザ・ファースト・アベンジャー』で、敵ヒドラのレッドスカルが乗る飛行機にキャプテン・アメリカが乗り込み、多くの人命を助けるため、キャップが操縦して北極海に飛行機を沈めることになるが、その飛行機の名前も Valkyrie だった (日本語訳では「ワルキューレ」と訳されている)

□ **van**
名 (箱型の車の) バン。『アントマン&ワスプ』のミッドクレジットシーン [1:49:00] で、ホープ・ヴァン・ダイン、ハンク・ピム、ハンクの妻ジャネットが見守る中、スコット・ラングはバンの量子トンネルを使って量子世界に突入するが、あと数秒で戻るという時に突如カウントダウンが止まる。バンの前では3人のいた場所に灰のようなものが舞っており、その3人がサノスのスナップによって消えたことがわかる。外に出してくれる人が消えた状態でスコットは量子世界に取り残されていたのだが、5年後の『エンドゲーム』の世界で、たまたまスイッチの上をネズミが通ったことで装置が作動、ようやく量子世界から元の世界に戻れることになる

□ **vanished**
形 消滅した。vanish が「(目に見えていたものが突然) 消える、消滅する」という意味の自動詞で、本来、他動詞の意味はないが、vanished は「突然消された、消滅させられた」のような受動態のニュアンスから「消滅した」という形容詞として使われる。a vanished empire なら「消滅した帝国」。〈the+形容詞〉で「(形容詞な) 人々」を表すので、THE VANISHED という石碑の文字は「消滅した・消えた人々」という意味

□ **void**
名 空間、虚空、完全に空っぽな空所。void of space なら「宇宙空間」で、literal「文字通りの」をつけることで、「文字通り、何にもない空っぽの (empty) 宇宙空間」を意味している。日本語の「空間」にも「空 (くう、から)」という empty の意味があるので「文字通り空っぽの空間」というイメージがしやすい

**W**

□ **wallow**
動 もがく、転げまわる

□ **weasel**
名 (動物の) イタチ。人を形容するのに使うと「他人を欺いたり騙したりするような不実で卑怯なやつ」という意味の悪口になる

□ **whatcha**
what are you の縮約形の発音綴り (発音で聞こえた通りに文字を綴ったもの)。読み方は「ワッチャ」。Whatcha doin'? なら What are you doing? ということ

□ **whatnot**
名 何やかや、その他もろもろ。いくつか項目を挙げた後、最後に and whatnot「〜や何やかや」と付け加えて、具体的な名前を挙げるのを省略するために使う

□ **wind up doing**
動 結局〜する結果となる、結局〜するはめになる

☐ **work**

動 正常に・正しく動作する、機能
する、うまくいく

☐ **Wrinkle in Time**

名 2018年のアメリカ映画『リンク
ル・イン・タイム』。原題の正式名
称は A Wrinkle in Time のように
最初に A がつく。アメリカの作家
マデレイン・レングルの児童小説
A Wrinkle in Time（邦題：五次元
世界のぼうけん）を実写映画化した
もの。少女メグが、行方不明となっ
た父を探すため、仲間と協力しな
がら5次元世界を冒険する

## Y

☐ **youse**

名 君ら、お前ら、あんたら。yous
とも書き、どちらも発音は「ユーズ」。
本来、you の複数形は同じく you
だが、「複数形」であることを明確に
する形で語尾に複数を表す -s を
付けた形となっている。文法的に
は正しくない「非標準用法」となる